Otto Sutermeister

Leitfaden der Poetik für den Schul- und SelbstUnterricht

Otto Sutermeister

Leitfaden der Poetik für den Schul- und SelbstUnterricht

ISBN/EAN: 9783743627505

Hergestellt in Europa, USA, Kanada, Australien, Japan

Cover: Foto ©ninafisch / pixelio.de

Weitere Bücher finden Sie auf **www.hansebooks.com**

Leitfaden

der

Poetik

für den Schul- und Selbst-Unterricht.

Von

Otto Sutermeister.

Zweite, verbesserte und vermehrte Auflage.

Zürich,
Druck und Verlag von Friedrich Schultheß.
1874.

Vorwort.

Da die vorliegende Poetik aus den Bedürfnissen einer längern Unterrichtserfahrung erwachsen, also mehr geworden als gemacht ist, so hoffe ich, das Material werde schließlich eine solche Gestalt für die Schule gewonnen haben, die auch in weiteren Kreisen wünschenswerth erscheinen könnte. In der wissenschaftlichen Grundlegung folgte ich vor Allem — wenn auch selbstverständlich nicht unbedingt und auf jedem Punkt, so doch mit dankbarer Ueberzeugung in fast allen Hauptfragen — den Meistern ästhetischer Wissenschaft: Th. Vischer und M. Carriere. Ich habe darum diese auch oft wörtlich citirt, indem ich es für zweckmäßiger und ehrlicher zugleich hielt, Etwas jeweilen auf die zutreffendste Art offen mit fremdem Ausdruck zu sagen, als — nach einem vielbeliebten Brauch — durch abschwächende Umschreibungen den Schein der Priorität oder der Selbständigkeit zu behaupten. Besondere Brauchbarkeit suchte ich aber meiner Arbeit zu geben

1. durch eine grundsätzliche Einfachheit und Beschränkung des Stoffes;
2. durch einen zwischen allzu spröder Knappheit und ebenso unpraktischer Breite die Mitte haltenden Umfang der Darstellung;
3. durch Fernhaltung eines solchen Lehrtones, welcher, anstatt überall die frische Quelle der Kunst selbst, aus welcher geschöpft werden mußte, zu bezeugen, die Kunst eitel schulmeistern möchte; und endlich

4. durch eine in den meisten Schul-Poetiken vermißte sorgfältige Wahl formell und inhaltlich passender, überzeugender und anregender Beispiele und Hinweisungen.

Der Anhang, einige Stoffe zu metrischen Uebungen und Winke zu selbständigen Betrachtungen über Wesen und Formen der Poesie enthaltend, ist hauptsächlich aus der vielfach bewährten Ueberzeugung hervorgegangen, daß zunächst die Metrik eine vorzügliche Schule für die Technik des Stiles überhaupt ist, und daß sodann die gesammte Theorie der Dichtkunst belebt und fruchtbar gemacht wird, wenn der Lehrling die bestimmte Aufforderung empfängt, mit Solchem, was der Unterricht nur anregen oder gelegentlich andeuten konnte, sich in persönlicher Selbstthätigkeit, in der Form schriftlicher Untersuchungen, nun noch eingehender abzufinden. Das dort Gegebene will indessen lediglich eine Andeutung sein, welcherlei Stoffe bei freier Auswahl für solche Versuche normal sein dürften.

Mit vorstehenden Worten führte ich (1865) die erste Auflage meines Leitfadens ein. Ueber die gegenwärtige neue Auflage darf ich hinzufügen, daß bei derselben vor Allem darauf Bedacht genommen wurde, der jugendlichen Fassungskraft in der ganzen Darstellungsform noch mehr gerecht zu werden. Ich hoffe, daß mir dies namentlich auch bezüglich der Einleitung gelungen und daß das Büchlein dadurch noch geeigneter erscheinen werde für die Hand des Schülers. Neu hinzugekommen ist — außer den zahlreichen Textergänzungen und den nicht unbeträchtlichen Zusätzen in den Materialien und Themen zu metrischen Uebungen und schriftlichen Untersuchungen —

der Abschnitt über das bildliche Element der poetischen Sprache, und das Wort- und Sach-Register.

Die Quellen-Citate der ersten Auflage sind, soweit sie beibehalten wurden, in der Regel nicht mehr als solche unterschieden, weil erfahrungsgemäß solche Unterscheidung die freie Reproduktion oft eher stört und beengt, als fördert; es genüge, neben den obengenannten Hauptquellen hier noch Gottschall, Viehoff, Saupe, Richter und Köpert besonders zu nennen.

Aarau,
im Spätjahr 1873.

Der Verfasser.

Inhalt.

	Seite
Einleitung	1
§. 1. Begriff der Poetik	1
§. 2. Name und Wesen der Poesie	2
§. 3. Grundbedingungen des Dichters	7
I. Theil. Die Sprache der Poesie	9
A. Der poetische Ausdruck	9
B. Die poetische Sprachform	11
1. Der Rhythmus	12
Der Accent	12
Die Versfüße	13
Der Vers und die Versarten	15
2. Der Reim	24
Alliteration	25
Assonanz	26
Vollreim	27
3. Entwicklung und Verbindung von Rhythmus und Reim in der Strophe	30
Die einheimischen deutschen Strophen	31
Aus der antiken Poesie übertragene Strophen	31
Aus der modernen fremden Poesie übertragene Strophen	33
1) Romanische Formen	33
2) Orientalische Formen	43
II. Theil. Die Gattungen und Arten der Poesie	47
A. Epik	48
Die epischen Dichtungsarten	49
1. Die symbolischen Dichtungsarten	50
Die Allegorie	50
Die Fabel	50
Die Parabel	51
2. Die geschichtlichen und sagenhaften Dichtungsarten	51
Die poetische Erzählung	51
Das Idyll	51

	Seite
Die Sage und das Märchen	52
Die Legende	53
Ballade und Romanze	54
Das Epos	54
Der Roman	57
Die Novelle	59
B. Lyrik	59
Die lyrischen Dichtungsarten	62
1. Lyrik des reinen Gefühles	62
Das Lied	62
2. Lyrik der Anschauung	64
Ode, Hymne und Dithyrambus	64
Elegie und Heroide	65
3. Lyrik des Gedankens	66
Die Satire	66
Die poetische Epistel	68
Das Epigramm	68
Die Gnome	70
C. Dramatik	70
1. Die Tragödie	75
2. Die Komödie	77
Anhang. Motive und Materialien zu metrischen Uebungen und poetischen Versuchen	81
Themen zu Untersuchungen und Abhandlungen über Wesen und Formen der Poesie	94

Einleitung.

§. 1. Begriff der Poetik.

Die Poetik bildet einen Theil der Stil-Lehre: sie ist die Lehre von dem poetischen Stil. Sie umfaßt:
1. Die Sprache der Poesie.
2. Die Gattungen und Arten der Poesie.

In ihrer praktischen Bedeutung verhält sich die Poetik zu der Poesie, wie die Grammatik und die Lehre von dem prosaischen Stil (Stilistik im engeren Sinn) zu der Prosa. Wenn diese letzteren Anleitung geben, Fehler gegen die allgemeinen Sprach- und Denkgesetze zu vermeiden, und Klarheit und Schärfe des Ausdruckes zu gewinnen, so wird durch die Poetik bezweckt: den Mangel an äußerer Geschlossenheit und Harmonie der Sprache **nachdrücklich** als Mangel an innerer Geschlossenheit und Harmonie zu empfinden; die Befähigung für künstlerische Darstellung zu regeln und zu steigern; der Einbildungskraft Nahrung zu geben; das Gemüth zu edeln Empfindungen anzuregen und den Sinn für wahre Idealität zu wecken. Wie nun die Grammatik allein zwar keinen Schriftsteller macht, wohl aber ein volles Verständniß der besten Schriftsteller nicht nur fördert, sondern einzig ermöglicht, so macht zwar die Poetik keinen Poeten, dagegen befähigt sie allein zum vollen Genuß und Verständniß der besten Dichter, der poetischen Meisterwerke, ja des Schönen überhaupt.

§. 2. Name und Wesen der Poesie.

Der Sprachgebrauch bezeichnet mit Poesie
1) das Wesen der Kunst überhaupt, 2) die Dichtkunst im Besondern, 3) die Dichtung, den Gegenstand oder das Erzeugniß der Dichtkunst.

1) Nach dem weitesten Sprachgebrauch ist die Poesie **Darstellung des Schönen**, also eine Zusammenfassung des Wesens sämmtlicher sog. schönen Künste, der plastischen: Architektur (Baukunst), Skulptur (Bildhauerkunst, Plastik im engern Sinne), Malerei; und der musischen: Musik und Dichtkunst.

Das griechische Poiesis von poiein = schaffen, bilden, hervorbringen. Schön, von den Einen mit Schauen (ahb. skaoni, was angenehm zu schauen ist, das Vollkommene), von Andern mit Scheinen, Schimmern in Zusammenhang gebracht; die Poesie gibt einen Schein von den realen Dingen, eine Wiederspiegelung der natürlichen, endlichen Dinge in dem übernatürlichen, unendlichen Geist; und die Schönheit wird erzeugt durch die völlige Durchdringung und harmonische Ineinsbildung von Idee und äußerer Wirklichkeit, von reinem Sein und Erscheinung. Idee: der in seiner höchsten Vollkommenheit gedachte Gattungsbegriff, nach welchem wir die einzelne Erscheinung bemessen und beurtheilen. Das Schöne oder Ideale ist erscheinende Idee. Die Fähigkeit, Ideales darzustellen, d. h. also: die Idee, das reine, höchste Sein in der entsprechendsten Form zur Erscheinung zu bringen, heißt Kunst.

Die Befähigung zur Poesie (Kunst) beruht — und darnach ergeben sich die verschiedenen Kunstrichtungen oder Künste — auf der bildenden, empfindenden und der diese beiden umfassenden dichtenden Phantasie.

Phantasie: Fähigkeit des Geistes, sich zunächst Gestalten, Ereignisse, Handlungen des wirklichen Lebens — ohne Hülfe der Sinnesorgane — vorzustellen (reproduktive Phantasie); sodann innerhalb der Gesetze der Natur und des Lebens Formen und Erscheinungen frei zu schaffen (produktive Phantasie), Ideen, welche als Urbilder oder Hochbilder in ihm liegen, so in sinnliche Formen zu kleiden, daß sie aus diesen wieder erkannt werden können (künstlerische Phantasie). Das Werk des Künstlers, auf Phantasie gegründet, regt die Phantasie des Wahrnehmenden an.

2) **Die Dichtkunst** — die Poesie nach dem engeren Sprachgebrauch — ist die auf dem Gebiete der **Sprache** waltende Kunst; ihr Wesen liegt darin, daß der Dichter die Gestaltungen seiner Phantasie durch das Mittel des Wortes der Phantasie des Wahrnehmenden mittheilt.

Alle Kunst stellt für die Phantasie bar; aber die plastischen Künste stellen einen Körper zwischen die Phantasie des Künstlers und diejenige des Zuschauers; und auch der Musiker bedarf noch eines solchen, um die Tonwelle zu erzeugen, welche er zur Erscheinung des Bildes seiner empfindenden Phantasie gestaltet; der Dichter aber besitzt in dem artikulirten Ton, in dem stumm formirten, geschriebenen Wort, kein eigentliches, konkretes Material, sondern nur ein überführendes, von einem Innern auf ein anderes Inneres überleitendes Medium. Die Sprache ist, bildlich ausgedrückt, nur des Dichters elektrischer Telegraph, durch den er sein Bild zu Dem hinüberströmen läßt, für welchen er dichtet. Mit Geist in Geist malend, verwandelt der Dichter alles Schwere des Körperlebens in reine Gestalt, alles Sein in bloßes Aussehen, bloßes Erscheinen.

> Es erreicht die Farbe dich nicht, des Marmors
> feilbare Last, Göttin **Sprache**, dich nicht!
> Nur Weniges bilden sie uns
> Und es zeigt sich uns auf Einmal.
> Dem Erfinder, welcher durch **dich** des Hörers
> Seele bewegt, that die Schöpfung sich auf.
> (Klopstock.)

Die Dichtkunst ist somit die geistigste Kunstform. Wenn die bildende Phantasie sich an das Auge, die empfindende sich an das Ohr wendet, so wendet sich die dichtende Phantasie an alle Sinne zugleich; der Dichter hat aber nur **innere** Anschauungen zu geben; er hat es mit der innerlich gesetzten ganzen Sinnlichkeit des Hörers zu thun. So ist die Dichtkunst eine geistige Zusammenfassung und Wiederholung der übrigen Künste, die Totalität der Künste, „die Kunst der Künste". Sie vereinigt in sich die subjektive Innerlichkeit der Musik mit der objektiven Gestaltung der plastischen Künste. Sie ist voll Innerlichkeit der Empfindung wie die Musik, aber sie schreitet von dem sprachlosen Ausdruck ineinanderwebender Gefühle zur klaren Gedankenbestimmtheit im Worte fort; sie zeichnet Gestalten wie der Bildner, aber nicht in einem äußeren Merkmal, sondern in der

Phantasie der Hörer, nicht für die Anschauung des leiblichen Auges, sondern für die Einbildungskraft.

3) Poesie endlich als Dichtung, Dichtwerk oder Gegenstand der Dichtkunst ist — nach J. Grimms zutreffendster Definition — „nichts Anderes als das Leben selbst, gefaßt in Reinheit und gehalten im Zauber der Sprache." Poesie und Wirklichkeit sind nämlich keine absoluten Gegensätze; Poesie ist vielmehr — wie oben bereits angedeutet — vollkommenes, Wirklichkeit unvollkommenes Sein. Poesie ist erhöhte, vergeistigte Wirklichkeit, oder die Wahrheit in der Wirklichkeit. Deßwegen kann der Dichter die Wirklichkeit nicht nur nicht entbehren, sondern er muß sie völlig besitzen, um sie zu beherrschen und ihre geistige Höhe oder Spitze zu finden.

Die Welt, so wie sie ist, ist traun poetisch nie,
Doch ist zu jeder Frist sie voller Poesie;
Und diese finden da, wo sie sich wirklich findet,
Ist, was den Dichter stets der Wirklichkeit verbindet. (S.)

Er wird theils in der Wirklichkeit einen Ausdruck für sein Ideal suchen und zu diesem Zwecke den unreinen Stoff der Wirklichkeit läutern, „idealisiren", ihm den Schein der Reinheit oder Vollkommenheit geben; theils wird er das in der Wirklichkeit zerstreute, vermischte, Andern verborgene Ideale auffinden, konzentriren, verdichten und als die Seele des Lebens in reiner und ganzer Gestalt darstellen.

Was doch heißt Ideal, als das Wirkliche, das sich zur Wahrheit
Aus des Künstlers Gemüth wiedergeboren erhöht?
Was zufällig allein, gohr aus, doch es blieb das Besondre,
Wie sich der Traube Natur stets noch im Weine verräth.
(Geibel.)

Wie jedes Kunstwerk, so ist also auch das echt poetische — nach Göthe's Bezeichnung — „zwar nicht außernatürlich, aber übernatürlich". Der Dichter stellt freilich auch Wirklichkeit dar; er ahmt freilich Natur und Geschichte nach; aber indem er sie nachahmt, reinigt er sie; er verklärt, idealisirt sie. Er sieht die Dinge und Vorgänge nicht bloß in den Eigenthümlichkeiten, die sie in der Wirklichkeit haben; sondern in der Beschaffenheit, die ihnen in der Vollendung ihrer Erscheinung zukommt. Bereits Aristoteles sagt: daß die Kunst zwar die Natur nachahme, zum Theil aber Dasjenige, was diese nicht zur Vollendung habe bringen können, vollende. Der Dichter schafft gleichsam eine zweite Natur, in welcher nichts Unschönes übrig bleibt, sondern in welcher alle Erscheinungen, erfüllt und getragen von der Idee, derselben in völlig zureichender Weise entsprechen. (Vergl. Göthe's Abhandlung über „Wahrheit und Wahrscheinlichkeit der Kunstwerke", und Schelling „Ueber das Verhältniß der bildenden Künste zur Natur.")

Wer bloß die Natur kopirt, ist dem Dichter gegenüber bloßer „Techniker", wie es der Photograph ist gegenüber dem Maler. Die photographische Kopie einer Naturansicht — oder auch der Gypsabguß einer menschlichen Gestalt — ist möglicherweise poetisch, in der Regel aber ohne Poesie, weil das reine Schöne in der Wirklichkeit Ausnahme ist. „Man sagt: Studire, Künstler, die Natur! Es ist aber keine Kleinigkeit, aus dem Gemeinen das Edle, aus der Unform das Schöne zu entwickeln." (Göthe.)

Weil in den Lauf des Gedichts du stets Zufälliges aufnimmst,
Wie sich's im Leben begibt, rühmst du dich, wahrer zu sein?
Ei so rühme den Maler doch auch, der, weil du am Zahnweh
Jüngsthin littest, getreu mit der Geschwulst dich gemalt.
(Geibel.)

Das nachahmende Bilden des Dichters wie des Künstlers im Allgemeinen ist demnach zugleich ein freies Schaffen; darum eben hieß der Dichter bei den Griechen Poietes, Poet, bei den Germanen Schaffer, angelsächsisch scof, althochdeutsch scuof. Sein Nachschaffen ist ein veredelndes Umschaffen; er stellt in schöpferischem Drange und mit schöpferischer Kraft das Ewige, Wesentliche und Nothwendige dar gegenüber der mit Schlacken der Zufälligkeit, Unwesentlichkeit und Vergänglichkeit behafteten Realität des Naturobjektes. Die Schönheit, die er erzeugt, ist die Versöhnung von Geist und Natur.

Ihm gaben die Götter das reine Gemüth,
Wo die Welt sich, die ewige, spiegelt. (Schiller.)

Eben deßwegen aber, weil die Dichtkunst nicht in bloßer Nachahmung der Natur aufgeht, sondern Neuschöpfung, Ideen=

gestaltung ist und den Erscheinungen der Welt weniger ihr Nachbild als ihr Urbild zur Seite stellt — weil die Phantasie, durch welche sie wirkt, keine erlernbare Fertigkeit, sondern ein Charisma, eine freie Gabe der Gottheit, gleichsam eine Fortsetzung der göttlichen Schöpfungskraft ist: so bedarf sie auch einer göttlichen Begeisterung (Enthusiasmus), eines Impulses, der außer dem Bereich menschlicher Willkür und Berechnung liegt.

Schon längst ist eingesehen worden — sagt Schelling a. a. O., daß in der Kunst nicht Alles mit dem Bewußtsein ausgerichtet wird, daß mit der bewußten Thätigkeit eine bewußtlose Kraft sich verbinden muß, und daß die vollkommene Einigkeit und gegenseitige Durchdringung dieser beiden das Höchste der Kunst erzeugt. Werke, denen dies Siegel bewußtloser Wissenschaft fehlt, werden durch den fühlbaren Mangel an selbstständigem, von dem Hervorbringenden unabhängigem Leben erkannt, da im Gegentheil, wo diese wirkt, die Kunst ihrem Werke mit der höchsten Klarheit des Verstandes zugleich jene unergründliche Realität ertheilt, durch die es einem Naturwerke ähnlich erscheint. Und Göthe: Versuche es doch nur Einer, und bringe mit menschlichem Wollen und menschlichen Kräften etwas hervor, das den Schöpfungen, die den Namen Mozart, Raphael, Shakespeare tragen, sich an die Seite setzen lasse.

Der Urschöpfer ist das Vorbild des Dichters, wenn dieser als Nachschöpfer ewige Gedanken in sinnenfällige Formen kleidet, im Weben und Walten der Gefühle, im Getriebe der handelnden Charaktere und der Ereignisse den freien Sieg der Idee veranschaulicht und verherrlicht und so den Glauben an das Immaterielle, Ewige und Göttliche fördert. In diesem Sinne hieß die Poesie den Alten (Aristoteles) etwas Gotterfülltes (Entheon), und der Dichter war ihnen ein Seher („er hat Alles gesehn, was auf Erden geschieht und was uns die Zukunft versiegelt"), ein Sprecher der Götter (Plato. „Er saß in der Götter urältestem Rath". „Wie man die Götter begrüßt, so begrüßte Jeder mit Andacht, was der Genius ihm, redend und bildend, erschuf." Schiller). Auch der deutschen Urzeit galt die Dichtkunst als ein heiliges, mit Weissagung und Losung eng verbundenes Geschäft. Opitz nannte sie eine verborgene Theologie, Göthe ein weltliches Evangelium.

Wenn ein unendlich Gefühl aufwogt in der Seele des
    Dichters,
Wenn ihm ein neuer Gehalt dämmernd den Busen bewegt,
Nimmer findet er Rast, es beklemmt ihn die gährende Fülle,
Bis sie gestaltet zuletzt klar im Gesang sich ergießt.
Ach wie wächst ihm das Herz, wenn er dann, ergriffen vom
    Hauche,
Der auf der Sprachfluth webt, nennend das Dunkle bezwingt.
Fuhr wie ein Blitz ihm das Wort aus der Brust? Kaum
    weiß er's zu scheiden,
Hat es erlösend ein Gott ihm auf die Zunge gelegt?
Doch nun steht es geprägt, ihm selbst und Allen verständlich,
Und fast staunt er bestürzt fremd wie ein Wunder es an!
O dann mag er es ahnen von fern, das Geheimniß der Sprache,
Wie in der Zeiten Beginn aus dem erwachenden Geist,
Da er sich selbst und die Dinge wahrnahm, das lebendige
    Wort sprang:
Offenbarung und That, göttlich und menschlich zugleich.
            (Geibel.)

§. 3. Grundbedingungen des Dichters.

Zum Künstler, d. h. zum wirklichen Dichter wird der dichterisch angelegte Geist nur, indem er mit der freien Gabe der auf das Ideale gerichteten Phantasie eine vollkommene Beherrschung der Sprache verbindet (§. 2, 2). Zwar erzeugt der echte Dichter oft gleichzeitig mit dem Gebilde seiner Phantasie ebenso unwillkürlich wie dieses selbst auch das ureigene, zureichende Wort; ja das Beste, was er sprachlich schafft, läßt sich eigentlich so wenig wie das Beste an seiner dichterischen Schöpfung selbst auf einen willkürlichen Akt des Selbstbewußtseins zurückführen. Sein bestes Wort erlernt der Dichter nicht. Allein dieses instinktive oder geniale Schaffen auf sprachlichem Gebiete setzt an sich selbst bereits die Kenntniß der normalen sprachlichen Mittel voraus; und gerade die größten Dichter bezeugen mit Wort und That selbst die Thatsache, daß das Kunstvermögen des Dichters und die Wirkung und Dauerhaftigkeit seiner Schöpfungen sich in dem

Maße steigern, als seine Einsicht wächst in das Wesen und die
Gesetze der Sprache und in die aus den vorhandenen Meister-
werken wissenschaftlich gewonnenen Kunstgesetze.

 Es ist ein wahres Wort: Der Künstler wird geboren;
Doch jede Wahrheit wird Irrthum im Mund des Thoren.
Geboren wird mit ihm der Kunsttrieb, nicht die Kunst,
Die Bildung ist sein Werk, die Anlag Himmelsgunst.
(Rückert.)

Ob die Natur ein Gedicht, ob Kunst, zum gelungenen mache,
Hat man gefragt; mir scheint's, daß ohne gesegnete Ader
Weder genüge der Fleiß, noch ohne Kultur die Begabung;
Seien sie freundlich vereint; denn eines bedarf je des andern.
(Horaz.)

 Wen wahrhaft die Natur zum wirklichen Dichter gebildet,
Der wird emsig und voll Eifers erlernen die Kunst.
(Platen.)

Nicht die Natur bloß macht den Poeten, es macht ihn die
     Kunst auch;
Fülle des Wesens allein reizt, doch ermüdet sie bald.
Nur so viel du gestaltend bezwangst vom inneren Reichthum,
Mag Jahrhunderte durch ruhig im Wechsel bestehn.
(Geibel.)

 Natur und Kunst, sie scheinen sich zu fliehen
Und haben sich, eh man es denkt, gefunden;
Der Widerwille ist auch mir verschwunden
Und beide scheinen gleich mich anzuziehen.
 Es gilt wohl nur ein redliches Bemühen!
Und wenn wir erst in abgemeßnen Stunden
Mit Geist und Fleiß uns an die Kunst gebunden,
Mag frei Natur im Herzen wieder glühen.
 So ist's mit aller Bildung auch beschaffen;
Vergebens werden ungebundne Geister
Nach der Vollendung reiner Höhe streben.
 Wer Großes will, muß sich zusammenraffen;
In der Beschränkung zeigt sich erst der Meister
Und das Gesetz nur kann uns Freiheit geben.
(Göthe.)

I. Theil.

Die Sprache der Poesie.

Der Poesie — gleichviel ob wir nun die Dichtkunst oder die Dichtung darunter verstehen — kommt, da sich in ihr plastische Künste und Musik geistig zusammenfassen (§. 2, 2 der Einleitung), eine diesen beiden Kunstrichtungen entsprechende Wahl und Form des sprachlichen Ausdrucks zu. Die Sprache der Poesie wird demnach ein bildliches, malerisches, auf Anschaulichkeit gegründetes und ein musikalisches, tönendes, auf erhöhte Empfindung gerichtetes Element enthalten. Auf jenem beruht das, was wir den **poetischen Ausdruck**, auf diesem, was wir die **poetische Sprachform** nennen.

A. Der poetische Ausdruck.

Die Sprache an sich ist von Symbolik erfüllt: durch Naturanalogieen drückt sie das Geistige aus; an jedem Wort haftet eine sinnliche Blüthe, jedes Wort ist ein Bild; alle Sprache redet ursprünglich in Bildern; je älter, je ursprünglicher, naturwüchsiger darum eine Sprache, desto reiner stellt sie noch das poetische Element dar, desto poetischer ist sie. Derselbe Instinkt aber, der die Sprache in ihrem Entwicklungsgange bestimmt, bestimmt auch den Dichter in seinem begeisterten Schaffen: er sucht nicht nach Bildern; sie strömen ihm zu, er denkt in Bildern. Gleich dem plastischen Künstler macht er Gestalten zu Trägern seiner Ideen; er **veranschaulicht** seine Ideen durch das Mittel der sog. **Tropen**. Griechisch tropos und trope, daher deutsch der Tropus und die Trope = Wendung, Vertauschung. Die Tropen entstehen durch Vertauschung oder Vergleichung zweier Ausdrücke oder Begriffe; d. h. eben nichts Anderes als: es wird an die Stelle eines Dinges ein Bild desselben gesetzt, also ein **bildlicher** oder figürlicher Ausdruck gebraucht. Dabei wird theils Geistiges versinnlicht, theils Sinnliches vergeistigt; z. B. Golden = röthlich glänzend, werthvoll, glücklich u. s. f. Trauernder Himmel = bewölkter Himmel. (Wird mit dem Bild zugleich die Sache selbst genannt, so entsteht das Gleichniß: Der Perlenthau; der Stab der Hoffnung u. dgl.) Solche Tropen sind folgende:

1. Die **Metapher** setzt an die Stelle des abstrakten Begriffes einen konkreten, der jenen am prägnantesten veranschaulicht: Die Quelle der Freuden = der lebendige Ursprung. Die Blüthe des Lebens = der ideale Höhepunkt. Das Silber des Stromes. Die goldene Frucht. (Beispiel einer **falschen** Verbindung von Metaphern: Dem Gewichte seiner Gründe konnte die Nacht des Irrthums, die ihn umfangen hielt, nicht widerstehen.)

2. Die **Metonymie** vertauscht 1) den eigentlichen Gegenstand und sein konventionelles Symbol: Thron oder Szepter = Herrschaft; Lorbeer = Ruhm; Oelzweig = Friede. 2) Werkzeug oder Materie und Produkt: Zunge = Sprache; Griffel = Schrift; Feder = Stil; Hand = Handschrift; Presse = Veröffentlichung durch den Druck; Blei = Kugel; Seide = Prachtgewand. 3) Ursache und Wirkung, Urheber und Werk: Sonne = Tag; graue Haare = Greisenalter; Bachus = Wein; Schiller = Schillers Werke.

3. Die **Synekdoche**, mit der Metonymie verwandt und oft mit ihr verwechselt und identifizirt, vertauscht Theil und Ganzes, Individuum und Gattung, Einzahl und Mehrzahl: Da schüttelt er der Locken Grau = das graue Haupt; Brot = Nahrung; Schwert = Waffe; Dach, Herd, Schwelle = Haus; Stunde, Jahr = Zeit; Frühling, Sommer = Jahr; Stadt, Haus = Bewohner;

ein Cicero = großer Redner; Tiger = grausames Wesen; der Mensch, der Vogel = die Menschen, die Vögel.

4. Die **Personifikation** (Prosopopöie) verwandelt Unpersönliches in Persönliches und fällt dadurch häufig mit der Metapher zusammen, und Lebloses in Belebtes. Z. B.: Der Traube Sohn; der lachende Himmel; der Bach murmelt; das Unglück schreitet schnell; süßer Wohllaut schläft in der Saiten Gold; Sammt und Seide löschen das Feuer in der Küche aus.

Zur Personifikation gehört auch diejenige Apostrophe, welche nicht blos abwesende Personen anredet, sondern auch abstrakte Begriffe und leblose Dinge: O Ewigkeit, du Donnerwort! O Nacht! Liebliches Thal! u. dgl.

Anmerkung.

Die sog. Figuren, die häufig mit den Tropen verbunden und vermischt sind, nämlich außer der Apostrophe die Antithese oder das Antitheton, der Parallelismus, die Klimax oder Gradation, das Paradoxon mit dem Oxymoron, die Hyperbel mit der Litotes, die Periphrase, die Moderation oder der Euphemismus, die Ironie mit dem Sarkasmus; die Inversion, die Ellypse mit der Aposiopese, die Parenthese, die Repetition oder Anaphorá und Epiphorá, das Asyndeton und Polysyndeton — sind allgemeine rhetorische, nicht der poetischen Sprache als solcher zukommende Mittel zur Belebung sprachlicher Darstellung.

B. Die poetische Sprachform.

Das musikalische Element der poetischen Sprache beruht auf
1) Tonverhältniß oder Accent der Laute; Takt, Rhythmus.
2) Klang der Laute an sich, Wechsel und Wiederkehr unter einander; Melodik, Modulation, Reim.

Erst die unter ein einheitliches Gesetz gebundene (im Gegensatz zu der sog. ungebundenen Sprache der Prosa), auf Wohllaut (Euphonie), auf erhöhte Empfindung gerichtete Sprachform bildet mit dem auf erhöhte Anschaulichkeit gerichteten sprachlichen Ausdruck zusammen den vollen Charakter der poetischen Sprache. Das musikalische Moment ist ganz ebenso wie das bildliche mit dem Geist der Poesie verwachsen und quillt darum ebenso natürlich und ungezwungen aus der wahren dichterischen Begeisterung.

Ist dein Gedanke erhaben, dann macht er edler dein edles
Wort und zugleich erhöht dieses den rhythmischen Ton;
Aber ist dein Wort ein gemeines, so sinkt der erhabne
Sinn, und solcherlei Wort schwächt auch die metrische Kraft.
(Klopstock.)
Der Takt kommt aus der poetischen Stimmung wie unbewußt.
(Göthe.)
Die poetische Stimmung führt den rhythmischen Gang und Klang der Sprache von selbst mit sich. Aber auch eine Rückwirkung von außen nach innen findet statt: die rhythmisch gehobene Rede trägt und hält den Dichter auf der Höhe der idealen Stimmung, warnt ihn, wo dieselbe in's Platte fallen will, und weckt poetische Motive. Wie manche schöne Dichterstelle verdankt ihren Ursprung dem Zwang und Drang eines metrischen Verhältnisses, eines Reimes. (Bischer.)

Wie oft, wie glücklich zerrt des Reims geheime Macht
Den schönsten Einfall her, an den man nie gedacht!
(Rabener.)
Ist nur einmal ein lebendiger und kein gefrorner Gedankenstrom da, so wird er schon rauschen; ist nur einmal Fülle und Sturm in einer Seele, so wird er schon brausen, wenn er durch den Wald zieht, oder säuseln, wenn er sich durch Blumen spielt.
(Jean Paul.)
Die schöne Form macht kein Gedicht,
Der schöne Gedanke thut's auch noch nicht;
Es kommt drauf an, daß Leib und Seele
Zur guten Stunde sich vermähle. (Geibel.)

1) Der Rhythmus.

Der Accent.

Der Rhythmus entsteht durch wechselnden Ton (Stärke der Aussprache) der Silben, durch Hebung und Senkung (Arsis und Thesis). Der Ton der Silbe, der Accent, hängt ab von dem Nachdruck, welcher auf das inhaltlich Bedeutende gelegt wird;

d. h. der Accent gründet sich auf die naturgemäße Unterscheidung des logischen Werthes der Silben.

Während die antike Poesie ihren Rhythmus nach dem Zeitmaß bestimmte, d. h. die Silben nach ihrer Länge und Kürze maß (Prosodie) und so das mehr äußerliche Prinzip des quantitirenden Rhythmus durchführte, bestimmt die deutsche Poesie ihren Rhythmus nach dem Tonmaß, d. h. sie wägt die Silben nach ihrem Gehalt, unterscheidet stark und schwach betonte, schwere und leichte Silben, und hat so den accentuirenden Rhythmus. Zwei z. B. ganz gleich kurze Silben gelten rhythmisch nicht gleich, sondern werden ungleich betont: Brennstoff; ebenso zwei gleich lange: Wohlthat; ferner kann eine kurze Silbe in Verbindung mit einer langen stärker als diese betont werden: Unmuth; endlich können sogar dieselben Silben in der Wiederholung bei derselben Folge anderen Ton bekommen, wenn sich mit ihnen ein anderer Begriff verbindet: Mannschaft — man schafft; Gebet — gebet; Vollblut — voll Blut; erb-lich — er-blich.

Die verschiedenen Grade des logischen Nachdruckes verlangen verschiedene Grade des Tones, und die Silben erscheinen darnach in ihrer Zusammenstellung als solche mit Accent (—) und ohne Accent (⌣), oder mit Hauptaccent (—) und Nebenaccent (⌣̇). Vgl. Muthig — unmuthig. (Genauere Unterscheidungen und Ausführungen bleiben theils als unlernbar, theils als unfruchtbar dem individuellen Sprachgefühl überlassen.)

Die Versfüße.

Wenn rhythmisch im Allgemeinen jede sprachliche Darstellung genannt wird, welche auf den Rhythmus irgendwie Rücksicht nimmt, so heißt metrisch diejenige, bei welcher eine bestimmte rhythmische Ordnung durchgeführt ist, so daß nach dem gewöhnlichen Sprachgebrauch mit Metrum der geregelte Rhythmus oder das Schema des Rhythmus bezeichnet wird. Die kleinste metrische Einheit oder das Grundelement des Metrums bildet der sog. Versfuß, die einfachste metrische Reihe der Vers. Metrik ist die Verslehre.

Die musikalische Rhythmik nennt den kleinsten rhythmischen Abschnitt Takt. Da bei den Griechen der Gesang mit rhythmischen Tanzbewegungen begleitet wurde, wobei auf jeden Takt ein Niedertritt des Fußes kam, so übertrug man den Namen des

Fußes auf die rhythmische Form des Taktes. Lateinisch Versus
= das Umwenden, Beginn einer neuen Reihe, Zeile. Den
Vers zergliedern oder streng metrisch lesen, heißt skandiren
(Skansion), beim Vortrag von Versen den syntaktisch-logischen
Accent fälschlich dem metrischen unterordnen: rhythmisiren.

Der einfachste Versfuß, der zweitheilige, enthält eine Silbe
mit und eine ohne Accent, oder eine Silbe mit Hauptaccent und
eine mit Nebenaccent; also eine sog. Kürze und eine Länge, oder
zwei Längen. Er heißt
    a. Jambus bei dem Schema ⏑ — (z. B. Gericht).
    b. Trochäus oder Choréus: — ⏑ (Richter).
    c. Spondéus, der steigende: ⏗ — (sieh hin), der
       fallende: — ⏗ (hinsehn).

Der dreitheilige Versfuß heißt
    d. Anapäst: ⏑ ⏑ — (Nation).
    e. Dáctylus: — ⏑ ⏑ (Ebene).
    f. Amphimakros, Amphimacer oder Creticus: — ⏑ —
       (ganz und gar); ⏑ ⏑ — (wiederholt); — ⏑ ⏑
       (Abendgluth).
    g. Amphibrachys oder Skolius: ⏑ — ⏑ (entgehen).
    h. Bachius: ⏑ — — (Gewaltthat).
    i. Antibachius (oft mit Bachius vertauscht): — — ⏑
       (anstehen).
    k. Molossus: — — — (Mondaufgang).

Der viertheilige Versfuß
    l. Dijambus (Doppeljambus), Ditrochäus, Di-
       spondeus.
    m. Choriambus (Choreus und Jambus): — ⏑ ⏑ —
       (Wogengebraus).
    n. Choliambus (hinkender Jambus) oder Antispast (wider-
       strebend) = Jambus und Choréus: ⏑ — — ⏑ (ver-
       antworten).
    o. Jonikus, der steigende: ⏑ ⏑ — — (Uebereinkunft);
       der fallende: — — ⏑ ⏑ (langsamere).
    p. Epitritt, der erste: ⏑ — — — (der Hochmuths-
       narr); der zweite: — ⏑ — — (Marterwerkzeug);

der britte: — — ⌣ — (Walbbruberhaus); der vierte:
— — — ⌣ (Schlaffaalthüre).

q. Päon, der erste: — ⌣ ⌣ ⌣ (reichlichere); der zweite:
⌣ — ⌣ ⌣ (Bewunderer); der dritte: ⌣ ⌣ — ⌣
(am Gesimse); der vierte: ⌣ ⌣ ⌣ — (Allegorie).

Der Vers und die Versarten.

Da der geregelte Rhythmus an sich schon, namentlich bei den einfacheren Formen, leicht in Eintönigkeit übergeht, so muß dieser überhaupt durch Manigfaltigkeit der syntaktischen Gebilde innerhalb des Verses begegnet werden. Eine solche wird erreicht

a. indem die Diärese, d. h. das Zusammenfallen von Wortende und Ende des Versfußes oder von Wort- und Versfuß möglichst vermieden wird, so daß Cäsuren, Einschnitte (Kreuzungen von Wort und Versfuß) entstehen. Vgl.:

1. Wie munter | sind Schäfer | und Heerde,
   Wie lieblich | beblümt sich | die Erde.
2. Wie buhlerisch, wie so gelinde
   Erwärmen die westlichen Winde.

b. indem ebenso ein anhaltendes Zusammenfallen des Schlusses größerer syntaktischer Glieder mit dem Schlusse des Verses vermieden wird, so daß Cäsuren im weiteren Sinne, syntaktische Einschnitte, entstehen. Vgl.:

1. Wie munter sind Schäfer und Heerde, |
   Wie lieblich beblümt sich die Erde, |
   Wie lebhaft ist jetzo die Welt. |
2. Wie buhlerisch, | wie so gelinde
   Erwärmen die westlichen Winde
   Das Ufer, | die Hügel, | die Gruft.

(Hagedorn.)

Die manigfaltige Verbindung der Versfüße ergibt die verschiedenen Versarten. Rein deutsche Verse sind die jambischen, trochäischen, anapästischen und dactylischen; die übrigen sind antiken Versen nachgebildet. Man unterscheidet vollständige (akatalektische) und unvollständige (katalektische) Verse, bei deren letztem Versfuß eine oder zwei Kürzen, oder eine Länge u. s. w. ausfallen.

Jambische Verse (Jamben).

Der jambische Vers, von der Kürze zur Länge aufstrebend, entspricht dem natürlichen Ansatz zum Höhesprung; er hat den Charakter fortstrebender Bewegung, stetigen, gemessenen Vordringens (daher der Vers des Dramas, und auch episch verwendet). Beispiele:

Aus dickem Buch
Oft kein Gewinn,
Im kleinen Spruch
Oft tiefer Sinn.
(G. Reil.)

Welch eine Sprach ist schön,
Welch eine Sprach ist reich?
Verschieden an Getön,
An Sinn sind alle gleich.
(Rückert.)

Gedanke, den das Wort geklärt,
Er hat das Wort gemehrt, genährt.
(S.)

Wie Mancher dünkt sich Virtuos
Und schlägt gewaltge Triller,
Der nur als leere Phrase drischt,
Was Göthe sprach und Schiller.
(Platen.)

Der fünffüßige Jambus (Quinar) ist der Vers des modernen Dramas (der reimlose Blankvers), durch Lessings Nathan der Weise in das deutsche klassische Drama eingeführt 1779. Beispiel:

Mit euren Regeln tappt ihr stets im Blinden;
Schön lesen können nur die wahr empfinden.
(S.)

Der sechsfüßige Jambus ist entweder Senarius, oder Alexandriner, oder Nibelungenvers.

Der Senarius (griech. Trimeter, Dreitakt nach dipodischer Messung, bei welcher je zwei Versfüße als Metrum gelten) ist der Vers des antiken Dramas. Er hat seine Hauptcäsur bald im dritten, bald im vierten Fuß. Beispiel:

Was dir der Tod räth, | laß dir wohlgerathen sein;
Der wahre Stein der Weisen | ist der Leichenstein.   (S.)

Der Jambe.

Wie rasche Pfeile sandte mich Archilochos,
Vermischt mit fremden Zeilen, doch in reinstem Maß,
Im Rhythmenwechsel meldend seines Muthes Sturm.
Hoch trat und fest auf dein Kothurngang, Aeschylos!
Großart'gen Nachdruck schafften Doppellängen mir
Sammt angeschwellten Wörterpomps Erhöhungen.
Fröhlicheren Festtanz lehrte mich Aristophanes,
Labyrinthischeren; die verlarvte Schaar anführend ihm
Hingaukl' ich zierlich in der beflügelten Füßchen Eil'.
(A. W. Schlegel.)

Dem Senarius am verwandtesten ist der Choliambus, der an die Stelle des letzten jambischen Fußes einen Trochäus setzt. Beispiel:

Der Choliambe scheint ein Vers für Kunstrichter,
Die immerfort voll Naseweisheit mitsprechen
Und Eins nur wissen sollten: daß sie Nichts wissen.
Wo die Kritik hinkt, muß ja auch der Vers lahm sein.
Wer sein Gemüth labt am Gesang der Nachteulen
Und, wenn die Nachtigall beginnt, sein Ohr zustopft,
Dem sollte man's mit scharfer Dissonanz abhau'n.
(A. W. Schlegel.)

Der Alexandriner (so genannt nach seiner Verwendung in Dichtungen aus dem Sagenkreise Alexanders des Großen, im 17. Jahrhundert vorzugsweise von den schlesischen Dichtern aus der französischen Poesie, deren Hauptvers er seit dem 12. Jahrhundert geblieben ist, auf die deutsche übergetragen) hat eine Diärese nach dem dritten Fuß. Beispiel:

> Mit Wärme lies und sprich und mit des Geistes Hauch,
> Denn wo der Ausdruck fehlt, da fehlt der Eindruck auch. (S.)

Indem er so in zwei völlig gleiche Hälften monoton zerfällt, eignet er sich mehr für kleinere Versganze, für Spruchartiges, als für größere fortlaufende Dichtungen.

Seine ermüdende Einförmigkeit bei der ausschließlichen Verwendung für die gesammte Poesie ihrer Zeit beklagen z. B.

Drollinger, geb. 1688:

> Ein Doppelvers, erdacht zu unsrer Pein,
> Zu groß für einen, und für zween zu klein!
> Er trabt betrübt daher mit schwerem Schritt,
> Ein gleicher Takt bestimmt ihm jeden Tritt.
> Beim sechsten stellt auch, wenn er laufen will,
> Das strenge Reimgesetz ihn immer still,
> Vernunft und Witz entweicht vor seinem Zwang
> Und findt ihn bald zu kurz und bald zu lang;
> Und wenn sein Til und Tat beständig schallt
> Gleich einer Glocke, so entschläft man bald.

Bodmer, geb. 1698:

> An Körper lang genug, behülflich desto minder,
> Mit Füßen wohl versehn, doch darum nicht geschwinder!
> Nicht anders schleppt die Schlang an einem warmen Bach,
> In Mitten durchgebohrt, den Schweif beschwerlich nach.

Die Einförmigkeit des Alexandriners zu mildern, wird von Neuern auch wohl zwischen akataletischen und kataletischen Versen abgewechselt (wie oben bei Bodmer) oder a. ein syntaktisches Glied von einem Vers in den andern hinübergezogen (Cäsur im weiteren Sinn), oder b. eine Cäsur angebracht, welche die Diärese verschleift (d. h. man mischt einen Senarius ein), oder c. die jambischen Versfüße mit spondeischen, oder endlich der Alexandriner mit andern Versarten vermischt (vgl. den Alexandriner von Freiligrath). Beispiele:

> a. Was aus dem Herzen stammt, o Sohn, nur das allein
>   Wird zum Gedanken dir und wird unsterblich sein.
> b. Wird dir durch Denken nicht vorerst Gefühltes klar,
>   So denkst du nicht, noch sprichst du jemals gut und wahr.
> c. O glaube meinem Wort: Gar nicht Bauchredner bloß,
>   Nein, auch Kopfredner gibt's, gleich klein und früchtelos.
>   (S.)

Der neue Nibelungenvers, dem alten Verse des Nibelungenliedes (um 1200) nachgebildet, hat nach dem dritten Fuß eine überzählige Silbe mit Diärese; diese einzige Silbe, durch die er sich von dem Alexandriner unterscheidet, macht ihn beträchtlich lebhafter und wohlklingender. Beispiel:

Es stand in alten Zeiten ein Schloß so hoch und hehr.

Noch bewegter wird sein Gang durch Einmischung von steigenden Spondeen und Anapästen. Beispiel:

Weit glänzt es über die Lande bis an das blaue Meer.

Anmerkung.

Sämmtliche jambische Versarten pflegen mitunter — zum Vortheil des Wohllautes — spondeisch oder trochäisch eingeleitet zu werden, z. B. —

O Lust, vom Berg zu schauen
Weit über Wald und Strom,
Hoch über sich den blauen
Tiefklaren Himmelsdom!   (Eichendorf.)

Am Horizonte Hirten, die
Im Haidekraut sich strecken
Und mit des Ave's Melodie
Träumende Lüfte wecken.
    (A. Droste-Hülshoff.)

Trochäische Verse.

Der trochäische Vers, von der Länge zur Kürze absinkend, hat gegenüber dem jambischen den Charakter der ruhigeren Stärke und Festigkeit, der Beschaulichkeit. Beispiele:

Von dem Dome
Schwer und bang
Tönt die Glocke
Grabgesang.   (Schiller.)

Was da lebt, hat auch sein Recht
Und sein Recht das Neue,

Beſſer doch ein Hund, der lebt,
Als ein todter Leue.   (W. Wackernagel.)

Anders wird die Welt mit jedem Schritt,
Den ich weiter von der Heimat mache.   (Mörike.)

Läſtert nicht die Zeit, die reine; ſchmäht ihr ſie, ſo ſchmäht ihr euch;
Denn es iſt die Zeit dem weißen, unbeſchriebnen Blatte gleich:
Das Papier iſt ohne Makel, doch die Schrift darauf ſeid ihr;
Wenn die Schrift juſt nicht erbaulich, nun, was kann das Blatt dafür!   (A. Grün.)

Anapäſtiſche und dactyliſche Verſe

zeichnen ſich durch erhöhte Lebhaftigkeit aus. Beiſpiele:

Und es wallet und ſiedet und brauſet und ziſcht,
Wie wenn Waſſer mit Feuer ſich mengt.   (Schiller.)

Weh den verlorenen Irdiſchgeborenen,
Heil den erkorenen Geiſtiggeborenen.   (Göthe.)

Jambiſch-trochäiſche (choriambiſche) Verſe.

Der choriambiſche Vers hat zwei Choriamben:

Iſt ein Bemühn eitler? Gewiß
Schmerzlicher keins, ängſtlicher keins.

Der asklepiadiſche Vers (ſo genannt nach Asklepiades von Samos um 300 v. Chr.) umgibt den choriambiſchen mit einem Choriambus. Beiſpiel:

Schön iſt, Mutter Natur, deiner Erfindung Pracht.

Jambiſch-anapäſtiſche Verſe.

Der Alkäiſche Vers (ſo genannt nach Alkäos, lyriſchem Dichter aus Mitylene in Lesbos um 600 v. Chr.) hat fünf Füße, von denen der vierte allein ein Anapäſt. Beiſpiel:

Umſonſt nicht lechzt nach Leben die Seele mir,
Umſonſt nicht flammt mir ſtolzer Gedanken Glut.

Der **Amphibrachische Vers**, von unbestimmter Zahl der Versfüße, läßt den Anapästen einen Jambus vorangehen. Beispiel:

    Und was kein Verstand der Verständigen sieht,
    Das übet in Einfalt ein kindlich Gemüth. (Schiller.)

Trochäisch-dactylische Verse.

Der **adonische Vers** (so genannt nach dem in den Klageliedern um den Tod des Adonis sich wiederholenden Ausruf: „Armer Adonis!"), ein Dactylus mit folgendem Trochäus (oder auch Spondeus). Beispiel:

    Liebliche Blume,
    Bist du so früh' schon
    Wieder gekommen,
    Primula veris! (Lenau.)

Der **pherekratische Vers** (nach Pherekrates aus Athen um 430 v. Chr.): zwei Trochäen (oder Spondeen) fassen einen Dactylus ein. Beispiel:

    Klopstocks mächtige Harfe ...

Der **glykonische Vers** (nach dem Dichter Glykon) fügt dem pherekratischen eine Hebung hinzu. Beispiel:

    ... Sang der horchenden Ewigkeit.

Der **phaläkische Vers** (nach dem Dichter Phaläkos) oder Hendekasyllaben, Eilfsilbner, hat fünf Füße, von denen der zweite allein ein Dactylus. Beispiel:

    Musen wandern, wo aufgeschlagen werden
    Philosophische Lehrsystemsgerüste. (Rückert.)

Spondeisch-dactylische Verse.

Der **sapphische Vers** (nach der Dichterin Sappho, Zeit- und Volks-Genossin des Alkäos) hat fünf Füße, von denen der dritte allein ein Dactylus; an die Stelle der Spondeen treten auch Trochäen. Beispiel:

    Gerne zeigt Jedwedem bequem Homer sich,

Der größere sapphische Vers wiederholt den im kleineren eingeschlossenen Choriambus. Beispiel:

− ⏑ − − | − ⏑ ⏑ − ⏑ − ⏑
Wenn des Lieds Wohllaut sich erhebt, tönt in der Brust der
Nachhall.

Der **Hexameter** (epischer, heroischer, pythischer Vers, der Vers des antiken Epos, durch Klopstock's Messiade in die klassische deutsche Poesie eingebürgert) hat zum Grundmaß fünf Dactylen und einen abschließenden Spondeus; an die Stelle der vier ersten Dactylen treten auch wohl Spondeen, und an die Stelle dieser hinwiederum Trochäen. Beispiele:

Wenig behagen dem Ohre die Verse mit gleichem Gehüpfe.
Heil dir, Pfleger Homers, ehrwürdiger Mund der Orakel.
Vor dem Tod erschrickst du? Du wünschest unsterblich zu
leben?

Der deutsche Hexameter.

Wenn du Chore'n einreihst statt voller Sponde'n, es entsteht dann
Ein zwar schwächlicher stets, aber verzeihlicher Vers;
Wenn du jedoch bleischwere Sponde'n als Dactylusanfang
Einreihst, mitleidslos wirst du zerfleischen das Ohr.
(Platen.)

Die manigfaltigsten Cäsuren können diesen Vers beleben. Seine Hauptcäsuren sind die männliche (nach der Hebung) im dritten Fuß, die weibliche (nach der ersten Silbe der Senkung) im dritten Fuß, die männliche im zweiten und zugleich die männliche im vierten Fuß. Beispiele:

Liebe mit Strenge gepaart ist einzig gesegnete Liebe.
Der nur lehret mit Segen, der täglich selber noch mehr lernt.
Fröhliches Herz und rothes Gesicht, das hab ich beständig.

Bukolische Diäresse (von den Alten bei bukolischen, idyllischen Gedichten angewandt) heißt die Diäresse nach dem vierten Fuß. Beispiel:

Griffel findet ihr hier zum Schreiben, wächserne Tafeln.

Der Hexameter.

Gleichwie sich Dem, der die See durchschifft, auf offener Meerhöh
Rings Horizont ausdehnt, und der Ausblick nirgend um-
  schränkt ist,
Daß der umwölbende Himmel die Schaar zahlloser Gestirne
Bei hellathmender Luft abspiegelt in bläulicher Tiefe:
So auch trägt das Gemüth der Hexameter. Ruhig umfassend,
Nimmt er des Epos Olymp, das gewaltige Bild, in den
  Schooß auf
Kreisender Fluth, urväterlich so den Geschlechtern der Rhythmen,
Wie vom Okeanos quellend, dem weithin strömenden Herrscher,
Alle Gewässer der Erde entrieseln oder entbrausen.
Wie oft Seefahrt kaum vorrückt, mühvolleres Rudern
Fortarbeitet das Schiff, dann plötzlich der Wog' Abgründe
Sturm aufwühlt und den Kiel in den Wallungen schaukelnd
  dahinreißt:
So kann ernst bald ruhn, bald flüchtiger wieder enteilen,
Bald, o wie kühn in dem Schwung! der Hexameter, immer
  sich selbst gleich,
Ob er zum Kampf des heroischen Lieds unermüdlich sich gürtet,
Oder, der Weisheit voll, Lehrsprüche den Hörenden spendet,
Oder geselliger Hirten Idyllien lieblich umflüstert.
Heil dir, Pfleger Homers, ehrwürdiger Mund der Orakel!
Dein will ferner gedenken ich noch und andern Gesanges.
  (A. W. Schlegel.)

Der Pentámeter, das Grundmaß mit dem Hexameter theilend, erscheint ursprünglich auch stets in Verbindung mit diesem als dessen rhythmische Ergänzung und unterscheidet sich von ihm nur durch das Wegfallen der Senkung nach der dritten und der sechsten Hebung, so daß er auch die Wiederholung der ersten Hälfte eines solchen Hexameters genannt werden kann, dessen Hauptcäsur die männliche im dritten Fuß. Er hat eine stehende Diärese in der Mitte. Die Dactylen können nur in der ersten Hälfte durch Spondeen oder Trochäen ersetzt werden.
Beispiel:

> Willst du die Andern verstehn, blick in dein eigenes
> Herz.

Hexameter und Pentameter verbunden ergeben das Distichon (Doppelzeile), nach seiner hauptsächlichsten Verwendung auch speziell die elegische und die epigrammatische Versart genannt. Beispiel:

> Weil ein Vers dir gelingt in einer gebildeten Sprache,
> Die für dich dichtet und denkt, glaubst du schon Dichter zu
> sein? (Schiller.)

> Im Hexameter steigt des Springbrunns flüssige Säule,
> Im Pentameter drauf fällt sie melodisch herab.
> (Schiller.)

2) Der Reim.

Den Wohllaut des Rhythmus ergänzt und vollendet der Reim, d. h. die dem Ohre wohlgefällige und mit Gedanke und Empfindung jeweilen zusammenstimmende Wiederkehr derselben oder verwandter Laute und Silben. Aus dieser Erklärung ergibt sich schon, daß der Reim nicht bloß äußerlicher Kitt sein darf, sondern daß er sich als Träger bedeutsamer, kontrastirender oder paralleler oder sonstwie mit einander in Beziehung stehender Vorstellungen zu erweisen hat: Er bringt innerlich Zusammengehöriges auch für das Ohr zusammen durch einen entsprechenden Anklang. Zugleich unterstützt er den Rhythmus dadurch, daß er die architektonische Gliederung der Versreihen (Strophen) dem Ohre fühlbarer macht.

> Was sich zu suchen bestimmt und zu finden im Reich der
> Gedanken,
> Leise dem ahnenden Sinn möcht' es die Sprache vertrau'n;
> Heimlich winken die Laute sich zu, mit verstohlener Sehnsucht;
> Aber der Dichter allein merkt's und erweckt den Akkord
> (Geibel.)

Der deutsche Reim ist entweder Lautreim (Alliteration und Assonanz) oder Silbenreim (Vollreim).

Allitteration.

Die Allitteration entsteht durch Uebereinstimmung der Anlaute verschiedener Wörter, wie Haus und Hof, laut und leise, ab und an, biegen und brechen. Sie ist die älteste deutsche, bis in das 9. Jahrhundert vorherrschende Reimart (Stabreim, heidnischer Reim), und ist, nachdem sie als eine in Phraseologie, Sprichwort und Volkslied unvertilglich lebende Reimformel bei der nationalen Dichtung immerfort in gelegentlichem Gebrauch geblieben, erst in neuester Zeit von Wilhelm Jordan in seiner Erneuerung der Nibelungendichtung wieder zu voller Geltung und großartiger Wirkung gebracht worden. — Beispiele:

Die Gewitterwinde! wie sie rauschen, wie sie mit lauter Woge den Wald durchströmen! Ach, schon rauscht, schon rauscht Himmel und Erde vom gnädigen Regen. (Klopstock.)

Näher und näher kam das Gekling und das Klatschen der Peitsch' und der Pferde Getrampel. (Voß.)

Strömt von der hohen, steilen Felswand der reine Strahl, Dann stäubt er lieblich in Wolkenwellen zum glatten Fels.
(Göthe.)

Und hohler und hohler hört man's heulen. (Schiller.)

Horch, wie brauset der Sturm und der schwellende Strom durch die Nacht hin! (Uhland.)

Dem Wandersmann gehört die Welt in allen ihren Weiten.
(Rückert.)

Einleitung zu Jordans Nibelunge.

Ich wage zu wandeln verlassene Wege
Zur fernen Vorzeit unseres Volkes.
Erwache denn, Weise voll Kraft und Wohllaut,
Die Mutter Natur germanischem Munde
Eingebildet und angeboren
Wie draußen im Busche Drossel und Buchfink
Lockruf und Lied von der Meisterin lernten.

Assonanz.

Die Assonanz entsteht durch Uebereinstimmung der inlautenden Vokale verschiedener Wörter, wie Baum und Strauch, kurz und gut, hin und wider, brennen und sengen. Gleich der Allitteration ist sie häufig schallnachahmend (onomatopoetisch). Beispiele:

 Hört ihr hoch in der Wolke den Donner des Herrn? Er ruft Jehovah, Jehovah!   (Klopstock.)

 Da pfeift es und geigt es und klinget und klirrt;
 Da piepert's und knistert's und flüstert's und schwirrt. —
  Du liebes Kind, komm geh mit mir! (Göthe.)

 Ohne Ostwind ist die Luft todt, und der Rosen-Odem stockt.   (Rückert.)

  Es sang vor langen Jahren
  Wohl auch die Nachtigall,
  Das war wohl süßer Schall,
  Als wir zusammen waren. (Brentano.)

  Es ist, als müßtest leise
  Du klopfen an die Thür,
  Du hättst dich nur verirret
  Und kämst nun müd zurück. (Eichendorf.)

  Tiefer sinket schon die Sonne,
  Und es athmet alles Ruhe;
  Tages Arbeit ist vollendet
  Und die Kinder scherzen munter.

  Grüner glänzt die grüne Erde,
  Eh die Sonne ganz versunken;
  Milden Balsam hauchen leise
  In die Lüfte nun die Blumen. U. s. f.
     (Fr. v. Schlegel.)

Häufig — wie schon obige Beispiele zeigen — verbinden sich Allitteration und Assonanz. Finden sie sich dadurch vereinigt, daß Wörter desselben Stammes sich folgen, so entsteht die sog. **Annomination**. Beispiele:

Was die Schickung schickt, ertrage. (Herder.)
Gar schöne Spiele spiel' ich mit dir. — Lebe hoch, wer Leben schafft! — Das Lied, das aus der Kehle bringt, ist Lohn, der reichlich lohnet. (Göthe.) — Frühluft, Frühroth, Frühlicht ruft: steh früh im Frühling auf! (Rückert.) — Der Reiter reitet durch's helle Thal. (Schwab.)

Vollreim.

Der Vollreim oder Reim im engern Sinn entsteht durch Uebereinstimmung der In- und Auslaute verschiedener Wörter, wie: Rand und Band, weit und breit, dann und wann, schalten und walten. Er heißt **reich**, wenn er von Homonymen gebildet wird, wenn also auch der Anlaut sich wiederholt, wie: Anstand (Anständigkeit), Anstand (Anstoß), anstand; Reich, reich; Schaft, schafft. **Identisch** heißt er, wenn zum Zweck des Nachdruckes dasselbe Wort in derselben Bedeutung wiederholt wird. Beispiel:

Dichter und Bienen, sie wollen nicht,
Sie thun nur was sie müssen;
Sie täuschen und enttäuschen nicht,
Sie schwärmen und versüßen.

Der identische Reim wird zum **Kehrreim** (Wiederholungsreim, Refrain), wenn er, um eine Grundstimmung anzudeuten, auf die Wiederholung mehrerer Wörter oder eines ganzen Verses ausgedehnt wird. Beispiel:

Komm, o Frühling, meiner Seele Welten wieder mache neu!
Licht am Himmel, Glanz auf Erden, hoch und nieder mache neu!
Setze mit dem Sonnenknaufe blau der Lüfte Turban auf,
Und der Fluren grünen Chaftan, holder Chibher, mache neu!
    u. s. f.   (Rückert).

Ich bin vom Berg der Hirtenknab,
Schau auf die Schlösser all hinab;
Die Sonne strahlt am ersten hier,
Am längsten weilet sie bei mir,
Ich bin der Knab vom Berge!

Hier ist des Stromes Mutterhaus,
Ich trink' ihn frisch vom Stein heraus;
Er brauſt vom Fels in wildem Lauf,
Ich fang' ihn mit den Armen auf,
Ich bin der Knab vom Berge! U. ſ. f.
(Uhland.)

Arten des Vollreimes.

1) Mit Rückſicht auf die Silbenbeſchaffenheit iſt der Vollreim

Männlich oder ſtumpf, wenn er einſilbig iſt. Beiſpiel:
Thatlos Wort — ſchlimmer Hort;
Wortloſe That — beſter Rath.   (S.)

Weiblich oder klingend, wenn er einen Trochäus bildet. Beiſpiel:
Rein Gewiſſen — iſt reiner Sprache befliſſen. (S.)

Schwebend, wenn er einen Spondeus bildet. Beiſpiel:
Sieh die Wolke, die mit Blitz und Knall ſpielt,
Sieh den Mond, mit dem der Himmel Ball ſpielt.
(Platen.)

Gleitend, wenn er einen Dactylus bildet. Beiſpiel:
Zu hobeln iſt der Plumpe, ein Dummer iſt zu witzigen;
Doch nichts zu machen weiter iſt aus dem Ueber-
ſpitzigen.   (Rückert.)

Doppelreim
als Amphimakros. Beiſpiel:
Im Großen wählt das Kind für ſich ein Kleines aus,
Im großen Hauſe baut es ſich ein kleines Haus. (S.)

als Ditrochäus. Beiſpiel:
Zwar wirſt und ſollſt du nicht nur immer Neues ſagen,
Doch, wenn du Altes neu empfindeſt, neu es ſagen.
(S.)

als Antibachius. Beiſpiel:
Flußader meiner Freude —
Schlußquader am Gebäude.

als fallender Jonikus. Beispiel:
> Du starkschäftiger — marktkräftiger.

2) Mit Rücksicht auf seine **Stelle im Verse**

Anfangsreim: am Anfang zweier Verse. Beispiel:
> Zage nicht, wie dich der grimme Tod will schrecken:
> Er erliegt Dem, der ihn antritt ohne Zagen.
> Zage nicht das flüchtge Reh des Weltgenusses,
> Denn es wird ein Leu und wird den Jäger jagen.
> (W. v. Schlegel.)

Binnenreim: innerhalb Eines Verses. Beispiel:
> Sie kommen und neigen und zeigen sich all'.

Mittelreim: in der Mitte zweier Verse. Beispiel:
> Vergebens suchst du hier und dort nach Poesie,
> Sofern sie nicht in dir, so findest du sie nie. (S.)

Kettenreim: am Ende des einen und in der Mitte des folgenden Verses. Beispiel:
> Ich trinke Frühlingsluft in langen Zügen;
> Zum Himmel fliegen möcht' ich in die Räume
> Der schönen Träume, wo die Götter wohnen.

Endreim, der natürlichste, wichtigste Vollreim: am Ende zweier Verse. Die Endreime heißen

3) Mit Rücksicht auf die **Stellung der Reime untereinander**

Gepaart, ungetrennt, platt, bei dem Schema a a b b. Beispiel:
> Des Volkes Wort, du willst es verschmähn,
> Meinst hoch darauf herniederzusehn,
> Wiegst dich auf Zweigen als wie im Traum,
> Kannst mir nicht sagen auf welchem Baum. (S.)

Gekreuzt, bei dem Schema a b a b. Beispiel:
> Wie goldner Blüthenkeim,
> Vom grünen Blatt umgeben,
> Mag frisch und froh der Reim
> Auf deutschem Liede schweben. (Dräxler.)

Umarmend, bei dem Schema a b b a. Beispiel:
> Sprichwort ist allermeist
> Orakel nur,
> Die rechte Spur
> Trifft nur der rechte Geist. (S.)

Verschränkt, bei dem Schema a b c a b c oder a b c b a c. Beispiel:
> Im Liebe schweben
> Vergangne Tage
> Verjüngt herauf:
> Im Liebe leben
> So Lust wie Klage
> Verklärt uns auf. (Selppel.)

> Wie mich die Welt an dieses Todten Stätte
> Anekelt, die erbärmliche, gemeine!
> Denn wie Gewürm ist sie vor ihm gekrochen,
> Als er noch lebte in des Glückes Scheine.
> Da, um die reichen Schätze Pern's hätte
> Kein Mund ein lautes Wörtlein nur gesprochen. (Zedlitz.)

Unterbrochen: Durch einen Vers ohne Reim getrennt. Beispiel:
> Die Sterne, die begehrt man nicht,
> Man freut sich ihrer Pracht
> Und mit Entzücken blickt man auf
> In jeder heitern Nacht. (Göthe.)

3) Entwicklung und Verbindung von Rhythmus und Reim in der Strophe.

Aus der Verbindung mehrerer Verse von übereinstimmender oder verschiedener Beschaffenheit entsteht die **Strophe**; sie ist eine metrisch gleich dem einzelnen Verse, syntaktisch aber strenger als dieser geschlossene, entweder einzelne oder gleichmäßig wiederholte Versreihe; in ihr vollzieht sich die letzte (allgemeinste) Gliederung eines rhythmischen Ganzen zum **Gedichte**.

Die üblichen Strophenarten sind entweder einheimische deutsche, oder aus der antiken Poesie, oder endlich aus der modernen fremden — romanischen und orientalischen — Poesie übertragene.

Die einheimischen deutschen Strophen

sind auf keine vorherrschenden Formen beschränkt; ihr Charakter ist deßhalb ein höchst manigfaltiger. Hervorzuheben ist die **Nibelungenstrophe**, bestehend aus vier Nibelungenversen mit gepaarten Reimen. Beispiel:

> Sie singen von Lenz und Liebe, von sel'ger goldner Zeit,
> Von Freiheit, Männerwürde, von Treu und Heiligkeit;
> Sie singen von allem Süßen, was Menschenbrust durchbebt,
> Sie singen von allem Hohen, was Menschenherz erhebt.
> (Uhland.)

Aus der antiken Poesie übertragene Strophen

sind

1. Das **Distichon** (s. oben S. 24).
2. Die **asklepiadische Strophe**, enthaltend entweder drei asklepiadische Verse und einen glykonischen; oder zwei asklepiadische, einen pherekratischen und einen glykonischen. Der Vers schlingt sich wie im Tanze um sich selbst herum; er ist vorzugsweise der Ausdruck heiterer Bewegung und frischer Lebenslust. Beispiele:

> Welchen König der Gott über die Könige
> Mit einweihendem Blick, als er geboren ward,
> Sah vom hohen Olymp, dieser wird Menschenfreund
> Sein und Vater des Vaterlandes. (Klopstock.)

> Schön ist, Mutter Natur, deiner Erfindung Pracht,
> Auf die Fluren verstreut; schöner ein froh Gesicht,
> Das den großen Gedanken
> Deiner Schöpfung noch einmal denkt. (Klopstock.)

3. Die **alkäische Strophe**, enthaltend zwei alkäische Verse mit einem vierfüßigen, überzähligen Jambus und einem aus

zwei Dactylen und zwei Trochäen bestehenden Schlußvers. Sie stellt ein stürmisches Auf- und Abwogen dar.
Beispiel:

> Umsonst nicht lechzt nach Leben die Seele mir,
> Umsonst nicht flammt mir stolzer Gedanken Gluth:
> Dem ungestümen Flug des Geistes
> Muß ein unendlicher Raum sich öffnen. (S.)

4. Die sapphische Strophe, enthaltend drei sapphische Verse und einen adonischen. Das sapphische Versmaß drückt eine heiter bewegte Seelenstimmung aus; es ist beschaulicher Art; der ruhige Fluß der Trochäen wird einmal durch den Dactylus beschleunigt. Beispiel:

> Gerne zeigt Jedwedem bequem Homer sich,
> Breitet aus buntfarbigen Fabelteppich;
> Leicht das Volk hinreißend erhöht des Dramas
> Schöpfer den Schauplatz. (Platen.)

Versuche, mit der antiken Strophenform den Reim zu verbinden, sind z. B.

> O zage vor dem kühneren Schwunge nicht,
> Der alten Brauches sklavische Fesseln bricht,
> Der um die Regel, die uns bindet,
> Zartere Blüthen des Reimes windet.
>
> Und wie auch wechselt griechischer Rhythmen Gang,
> Sie ziert des deutschen Reimes gefäll'ger Klang:
> So schwebt des Mondes Zauber milder
> Um die unsterblichen Marmorbilder. (Gottschall.)

Nach einer beliebten Modifikation der sapphischen Strophe rückt der Dactylus von der ersten Stelle im ersten Vers zur zweiten und dritten in den beiden folgenden vor. Beispiel:

> Hölty, dein Freund, der Frühling, ist gekommen!
> Klagend irrt er im Haine, dich zu finden;
> Doch umsonst, sein klagender Ruf verhallt im
> Einsamen Schatten. (Lenau.)

Aus der modernen fremden Poesie übertragene Strophen sind:

1) Romanische Formen.

Die Terzine,

italienischen Ursprungs, besteht aus 3 fünffüßigen jambischen Versen; bei der Wiederholung der Strophe bietet sich die Reimfolge a b a — b c b — c d c u. s. f. Es verketten sich demnach die Strophen durch den Reim so, daß der mittlere Vers je mit dem ersten und dritten der folgenden Strophe reimt. Damit der Mittelvers der letzten Strophe dabei nicht reimlos bleibt, schließt die ganze Strophenreihe mit einem überzähligen reimenden Verse ab; in Uebereinstimmung mit dem Anfang reimen so auch am Ende nur zwei Verse. Beispiel:

Am Grabe Chamisso's.

Wo habt ihr mir den Alten hingebettet?
Kommt, führt mich an den engbeschränkten Port,
Darein der Weltumsegler sich gerettet.

Ihr zeigt auf eine dürre Scholle dort,
Wo heut das erste Herbstlaub niederregnet;
Dort ruht er, sagt mir euer Trauerwort.

O sei, du heilig Dichtergrab, gesegnet!
Du birgst ihn, dem mein Geist vieltausendmal,
Mein sterblich Auge nimmermehr begegnet.

(Letzte Strophe.)

Die Wolken haben dräuend sich geballt,
Von Sturmesfurchen ist der See gekräuselt;
Bald hörst du nur den Herbstwind, welcher kalt
Durch kahle Forsten, über Stoppeln säuselt.

(Dingelstedt.)

Eine selbständige einzelne Terzine heißt Ritornell (ursprünglich eine naive Form des italienischen Volksliedes), wenn der zweite Vers mit den übrigen durch Assonanz oder Alliteration anklingt und der erste eine Hemistich (Halbvers) ist (gewöhnlich den Namen einer Pflanze enthaltend). Beispiel:

Rose im Dorne!
Du denkest, daß der Dorn dich solle schützen;
Allein der Dorn dient der Begier zum Sporne.
(Rückert.)

Das Madrigal,
provençalischen Ursprungs (Mandriale = Schäferlied, Mandria = Heerde), ein kleines ländliches Gedicht oder Naturliedchen („lyrisches Epigramm"); enthält 6—11 Verse mit höchstens 3 Reimen. Beispiel:

Frühlingslob.

Saatengrün, Veilchenduft,
Lerchenwirbel, Amselschlag,
Sommerregen, milde Luft —
Wenn ich solche Worte singe,
Braucht es dann noch großer Dinge,
Dich zu preisen, Frühlingstag?
(Uhland.)

In dem **Madrigalenkranz** hebt jedes Madrigal mit dem Schlußvers des vorhergehenden an.

Die Stanze (Oktave, Ottave rime = Achtreim), die „Königin der Strophen", durch Weichheit und Milde ausgezeichnet, zerfällt in zwei Theile, Auf- und Abgesang: Gedanke und Empfindung heben und senken sich. Sie heißt je nach einigen Variationen der Form

1. **Italienische Stanze**, bestehend aus 8 fünffüßigen jambischen Versen mit weiblichen Reimen und der Reimfolge a b a b a b c c. Beispiel:

Eins war Europa in den großen Zeiten,
Ein Vaterland, deß Boden hehr entsprossen,
Was Edle kann in Tod und Leben leiten.
Ein Ritterthum schuf Kämpfer zu Genossen,
Für Einen Glauben wollten Alle streiten,
Die Herzen waren Einer Lieb' erschlossen;
Da war auch Eine Poesie erklungen
In Einem Sinn, nur in verschiednen Zungen.
(W. v. Schlegel.)

2. **Siziliane**, mit der italienischen Stanze übereinstimmend in Maß und Zahl der Verse, aber mit der Reimfolge a b a b a b a b. Beispiel:

>Der Schlummer sinkt aus nachtgeschwärzten Lüften
>Und seinen Mohnsaft trinkt die Schöpfung nun,
>Selbst Echo schlummernd schweigt in Bergesklüften
>Und am Gestad leisathmend schläft Neptun;
>Es schläft das Schwert, entschnallt des Kriegers Hüften,
>Die Pflugschar ruht und läßt den Pflüger ruhn.
>Wollt nun auch in der Welt voll Schlummerdüften,
>Zwei Augen, die ihr mein seid, zu euch thun.
>
>(Rückert.)

3. **Spencer=Stanze** (nach der Strophe des romantischen Epos „die Feenkönigin" von dem englischen Dichter Edmund Spencer 1555—95) fügt zu den achtfüßigen jambischen Versen noch einen Alexandriner hinzu und hat die Reimfolge a b a b b c b c c. Beispiel:

>Dich liebt' ich, Ocean! die höchste Lust
>War mir's als Knabe schon, an dir zu hangen;
>Gleich deinen Blasen trug mich deine Brust;
>Mich trieb zu deiner Brandung das Verlangen,
>Daß deiner Fluten Wonnen mich durchdrangen,
>Wenn deine Kühle schreckend mich genetzt.
>Ich ward von dir ein süßes Kind umfangen;
>Ich hatt' auf dich mein ganz Vertraun gesetzt,
>Um deine Mähne schlang ich meine Hand wie jetzt.
>
>(Böttger.)

4. **Freie Stanze** (Wielandische oder Oberons=Strophe) berücksichtigt nur die Achtzahl der Verse und das jambische Versmaß.

Das Triolett,
französischen Ursprungs, enthält 8—12 Verse mit 2 Reimen. Der erste Vers, das Thema, erscheint dreimal (daher Triolett): als Kehrreim in der Mitte, und in Verbindung mit dem zweiten Vers am Schluß. Beispiel:

>Darf ich von dem Schmerze singen,
>Dann ist er der alte nicht;

Darf ich mit der Kunst ihn zwingen,
Darf ich von dem Schmerze singen,
Dann verklärt ihn das Gedicht
Und der Schmerz muß Freude bringen;
Darf ich von dem Schmerze singen,
Dann ist er der alte nicht.   (Kugler.)

Die Décime,

eine spanische und portugiesische Form, enthält 10 vierfüßige trochäische Verse mit der Reimfolge a b b a a c c d d c. Ein nachdrücklicher syntaktischer Einschnitt trennt in der Regel die vier ersten Verse von den übrigen, während der Reim a die Einheit der Strophe wahrt. (Beispiel s. bei der Glosse.)

Die Glosse

ist eine Reihe von Decimen: Variationen zu einem vierzeiligen Thema aus einem andern Gedichte. Das Thema gibt, nach der Folge seiner Verse, jeder Decime ihren Schlußvers. Die Reimfolge ist weniger streng als bei der einzelnen Decime. Beispiel:

Liebe denkt in süßen Tönen;
Denn Gedanken stehn zu fern:
Nur in Tönen mag sie gern
Alles, was sie will, verschönen.   (Tieck.)

1.

Worte sind nur dumpfe Zeichen,
Die Gemüther zu entziffern,
Und mit Zügen, Linien, Chiffern
Läßt sich Wissenschaft erreichen; —
Doch aus den aether'schen Reichen
Läßt ein Bild des ewig Schönen
Nieder zu der Erde Söhnen
Nur in Bild und Ton sich schicken:
Liebe spricht in hellen Blicken,
Liebe denkt in süßen Tönen.

2.

Liebe stammt vom Himmel oben,
Und so lehrte sie der Meister,

Welchen seine hohen Geister
In derselben Sprache loben. —
Denn beseelt sind jene Globen,
Strahlend redet Stern um Stern
Und vernimmt den andern gern,
Wenn die Sphären rein erklingen;
Ihre Wonn' ist Schau'n und Singen,
Denn Gedanken stehn zu fern.

3.

Stumme Zungen, taube Ohren,
Die des Wohllauts Zauber fliehen,
Wachen auf zu Harmonieen,
Wenn sie Liebe neu geboren. —
Memnons Säule, von Auroren
Angeschienen leis und fern,
Haucht so aus dem starren Kern
Ihre Sehnsucht aus in Liedern,
Und der Mutter Gruß erwiedern
Nur in Tönen mag sie gern.

4.

Musik ist die Kunst der Liebe,
In der tiefsten Seel' empfangen
Aus entflammendem Verlangen
Mit der Demuth heil'gem Triebe; —
Daß die Liebe selbst sie liebe,
Zorn und Haß sich ihr versöhnen,
Mag sie nicht in raschen Tönen
Blos um Lust und Jugend scherzen:
Sie kann Trauer, Tod und Schmerzen —
Alles, was sie will, verschönen.

(W. v. Schlegel.)

Die Tenzone (Streitgedicht) ist eine Erweiterung und Modifizirung der Glosse: In freigewähltem Thema wird eine Frage oder Behauptung aufgestellt, welche von zwei Dichtern in gegensätzlichem Sinne mit je einer Glosse besprochen wird; in der ersten Glosse schließt jede Decime mit einem Reimwort des Themas in unveränderter, in der zweiten in umgekehrter Folge. Vgl. „der Sängerstreit" von Uhland und Rückert.

Die Canzone, provençalischen Ursprungs, enthält 11—16 jambische Verse. Die gewöhnliche 13 zeilige hat die Reimfolge a b c b a c c d e e d f f. Sie zerfällt in Aufgesang (Piedi = Füße) und Abgesang (Coda = Schweif), die der siebente, kürzere Vers durch den Reim verbindet. Beispiel:

Ein Kern des Lichts fließt aus in hundert Strahlen,
Die gottentflammte Abkunft zu bewähren;
Begeistrung ist die Sonne, die das Leben
Befruchtet, tränkt und reift in allen Sphären;
In welchem Spiegel sich ihr Bild mag malen,
Mag sie im Liede kühn die Flügel heben,
Mag Herz zu Herz sie streben,
Sie sucht das Höchste stets wie sie's erkennet.
Längst im Gemeinen wär' die Welt zerfallen,
Längst wären ohne sie zerstäubt die Hallen
Des Tempels, wo die Himmelsflamme brennet;
Sie ist der Born, der ew'ges Leben quillet,
Vom Leben stammt, allein mit Leben füllet.
(Zedlitz.)

Das Cancion, eine kleine spanische Liebesform, enthält wenigstens 12 in 2 oder 3 Strophen vertheilte trochäische Verse. Das Thema der ersten Strophe wird in den folgenden ausgeführt, welche auch mit demselben Reimwort wie jene abschließen. Beispiel:

Der Knabe.
Wenn ich nur ein Vöglein wäre,
Ach wie wollt' ich lustig fliegen,
Alle Vögel weit besiegen.
Wenn ich so ein Vogel bin,
Darf ich Alles, Alles haschen,
Darf die höchsten Kirschen naschen;
Fliege dann zur Mutter hin;

Ist sie bös in ihrem Sinn,
Kann ich lieb mich an sie schmiegen,
Ihren Ernst gar bald besiegen.
   Bunte Federn, leichte Flügel
Dürft' ich in die Sonne schwingen,
Daß die Lüfte laut erklingen;
Weiß nichts mehr von Band und Zügel.
   Wär' ich über jene Hügel,
Ach dann wollt' ich lustig fliegen,
Alle Vögel weit besiegen.
                              (Fr. Schlegel.)

Das Rondeau (Rundgedicht, Ringelgedicht), französischen Ursprungs, dem Triolett verwandt, enthält 13 fünffüßige jambische Verse mit 2 Reimen; die Anfangsworte kehren nach dem achten Verse sowie am Schlusse wieder. Beispiel:

             Nähe Gottes.

Du bist mir nah, wenn Alles mir verschwindet;
Du bist mein Trost und meiner Seele Licht;
Ob Schwermuth sich um meine Seele windet
Und ob mein Herz vor Gram und Kummer bricht —
Ich habe dich, mein Gott, und zage nicht.
Seh ich gleich nicht dein strahlend Angesicht,
Der Hain, die Flur, das Morgenroth verkündet
Dein heilig Wehn, und jeder Odem spricht:
             Du bist mir nah!
Ob auch mein Geist dein Wesen nicht ergründet,
Das sich geheimnißvoll durch alle Wesen flicht,
So jauchzt mein Herz, wenn Lust die Zunge bindet
Und es mit schaurig ahnendem Gewicht
Den Lebensodem deines Hauchs empfindet:
             Du bist mir nah!
                              (Köster.)

Das Sonett (Klinggedicht), italienischen Ursprungs, hat seinen Vorzug in einer kunstreichen Gliederung („Fülle in engen Grenzen, und reines Ebenmaß der

Gegensätze") und in ausgeprägter musikalischer Schönheit. („Ein gutes Sonett verwandelt sich auf den Lippen des Declamators in Gesang." Schiller.) Es enthält 14 fünffüßige jambische Verse mit weiblichen Reimen und zerfällt in zwei Haupttheile, von welchen der erste, aus 2 vierzeiligen Strophen mit der Reimfolge a b b a a b b a bestehend, und der zweite, aus 2 Terzinen mit neuen Reimen von freier Zahl und Folge zusammengesetzt, sich zu einander verhalten wie Aufgesang und Abgesang, oder wie Vordersatz und Nachsatz, wie Bild und Gegenbild, Allgemeines und Besonderes, Ursache und Wirkung, Problem und Lösung. Aehnlich verhalten sich aber auch die einzelnen Strophen untereinander. So schildert z. B. in folgendem Sonett von W. v. Schlegel das Sonett selbst I. seine Form: 1. die zwei vierzeiligen Strophen, 2. die zwei Terzinen; II. sein Wesen: 1. Verkennung, 2. Würdigung desselben.

 Zwei Reime heiß' ich viermal kehren wieder
Und stelle sie, getheilt, in gleiche Reihen,
Daß hier und dort zwei, eingefaßt von zweien
Im Doppelchore schweben auf und nieder.

 Dann schlingt des Gleichlauts Kette durch zwei Glieder
Sich, freier wechselnd, jegliches von dreien.
In solcher Ordnung, solcher Zahl gedeihen
Die zartesten und stolzesten der Lieder.

 Den werb' ich nie mit meinen Zeilen kränzen,
Dem eitle Spielerei mein Wesen dünket
Und Eigensinn die künstlichen Gesetze;

 Doch wem in mir geheimer Zauber winket,
Dem leih' ich Hoheit, Füll' in engen Grenzen
Und reines Ebenmaß der Gegensätze.

Die Sonettendichter.

(I. Romanische: 1. Petrarca, geb. 1304; 2. Camoëns, geb. 1524.
II. Deutsche: 1. Rückert, geb. 1789; 2. Platen, geb. 1796.)

 Sonette dichtete mit edelm Feuer
Ein Mann, der willig trug der Liebe Kette;
Er sang sie der vergötterten Laurette,
Im Leben ihm und nach dem Leben theuer.

Und also sang auch manches Abenteuer
In schmelzend musikalischem Sonette
Ein Held, der einst durch wildes Wogenbette
Mit seinem Liebe schwamm als seinem Steuer.
  Der Deutsche hat sich beigesellt, ein Dritter,
Dem Florentiner und dem Portugiesen,
Und sang geharnischte für kühne Ritter.
  Auf diese folg' ich, die sich groß erwiesen,
Nur wie ein Aehrenleser folgt dem Schnitter,
Denn nicht als Vierter wag' ich mich zu diesen.
(Platen.)

Versuch im Sonett.

Sich in erneutem Kunstgebrauch zu üben
Ist heil'ge Pflicht, die wir dir auferlegen;
Du kannst dich auch wie wir bestimmt bewegen
Nach Schritt und Tritt, wie es dir vorgeschrieben.
  Denn eben die Beschränkung läßt sich lieben,
Wenn sich die Geister gar gewaltig regen;
Und wie sie sich denn auch geberden mögen,
Das Werk ist doch zuletzt vollendet blieben.
  So möcht' ich selbst in künstlichen Sonetten,
In sprachgewandter Maße kühnem Stolze
Das Beste, was Gefühl mir gäbe, reimen;
  Nur weiß ich hier mich nicht bequem zu betten.
Ich schneide sonst so gern aus ganzem Holze,
Und müßte nun doch auch mitunter leimen.   (Göthe.)

Siehe hier: Natur und Kunst, von Göthe. S. 8.

Das Sonett an Göthe.

Dich selbst, Gewalt'ger, den ich noch vor Jahren
Mein tiefes Wesen witzig sah verneinen,
Dich selbst nun zähl' ich heute zu den Meinen,
Zu Denen, welche meine Gunst erfahren.
  Denn wer durchdrungen ist vom innig Wahren,
Dem muß die Form sich unbewußt vereinen,
Und was dem Stümper mag gefährlich scheinen,
Das muß den Meister göttlich offenbaren.

Wem Kraft und Fülle tief im Busen keimen,
Das Wort beherrscht er mit gerechtem Stolze,
Bewegt sich leicht, wenn auch in schweren Reimen.
Er schneidet sich des Liedes flücht'ge Bolze
Gewandt und sicher, ohne je zu leimen,
Und was er fertigt, ist aus ganzem Holze. (Platen.)

In dem Sonettenkranz werden 14 Sonette jeweilen durch Identität von Schlußvers des einen und Anfangsvers des folgenden mit einander verbunden; überdies stimmt der Schlußvers des vierzehnten Sonettes mit dem Anfangsvers des ersten überein; und endlich setzt sich noch ein fünfzehntes, das sog. Meister-Sonett, aus den 14 Anfangsversen der vorausgehenden Sonette zusammen.

Die Sestine,

italienischen Ursprungs, die künstlichste der romanischen Strophenformen, ist eine Reihe von 6 Strophen mit 6 fünffüßigen jambischen Versen, deren reimlose, aber bedeutsame Endwörter durch alle Strophen — als eine Art identischer Reime — die nämlichen bleiben. Jede Strophe verändert die Folge dieser Endwörter aus der vorhergehenden Strophe nach dem Schema 6 1 5 2 4 3. Den Schluß bildet eine Halbstrophe, deren Verse in Mitte und Schluß noch einmal jene Endwörter in der Folge der ersten Strophe wiederholen. Beispiel:

Wie Viele gab ich wieder an den Himmel,
Seit ich hier wandle auf der schönen Erde!
Ich seh's, sie bleiben aus von Tag zu Tage;
Vergebens blick' ich Nachts zu jenen Sternen,
Und nicht enträthseln kann ich diese Wunder,
Die widerfahren sind der frommen Seele.
Warst du denn immer einsam, liebe Seele?
O nein! Nicht längst erst kehrten sie zum Himmel,
Vor meinen Augen selbst geschahn die Wunder;
Wir wandelten zugleich auf dieser Erde,
Wir blickten Nachts zugleich zu jenen Sternen —
O wie so falsch sie sind, die hellen Tage!

Die Todten bleiben aus von Tag zu Tage —
Zu hoffen hört nicht auf die treue Seele;
Der Abend kommt mit seinen schönen Sternen,
Die Sonne steigt empor am Rosenhimmel,
Die tausend Blumen kehren auf die Erde —
Und in den Wundern hofft die Liebe Wunder!
(L. Schefer.)

2) Orientalische Formen.

Die **Persische Vierzeile**, die gewöhnliche persische Form des Spruches oder des Epigrammes, ist von unbestimmtem, aber regelmäßigem Versmaß; es reimen die Verse 1, 2, 4. Beispiel:

Vom Himmel kam geflogen eine Taube
Und bracht' ein Kleeblatt mit dreifachem Laube;
Sie ließ es fallen; glücklich, wer es findet!
Drei Blättlein sind es: Hoffnung, Lieb' und Glaube.
(Rückert.)

Das **Gasél** (auch Ghasel und die Ghasele = Lobgedicht), im Persischen vorzugsweise ein Liebesgedicht, durch Rückert bei uns eingeführt, ist eine Art Fortsetzung der persischen Vierzeile, mit der Reimfolge a a b a c a d a e a u. s. f. Häufig ist der einfache Vollreim verdoppelt oder mit einem reichen, einem identischen oder einem Kehrreim verbunden. Die Vorstellung, welche an das erste Reimwort geknüpft ward, beherrscht den Gedanken des Ganzen, wie dies Platens Vierzeile treffend schildert:

Im Wasser wogt die Lilie, die schlanke, hin und her;
Doch irrst du, Freund, sobald du sagst, sie schwanke hin und her:
Es wurzelt ja so fest ihr Fuß im tiefen Meeresgrund,
Ihr Haupt nur wiegt ein lieblicher Gedanke hin und her.

In einem andern Bilde ausgedrückt: Der Dichter läßt den Einen zu Grunde liegenden „lieblichen Gedanken" nach den manigfaltigsten Richtungen hin anschauen und „wie einen vielseitig geschliffenen Edelstein bei jeder Wendung in neuen Farben spielen". Beispiele:

Weltmutter.

Die Liebe hielt die Welt im Arm;
Wie lag das Kind so still und warm!
Das Kind entfloh der Mutter Brust,
Sie sah ihm nach mit stillem Harm.
Die Kindeseinfalt war so reich,
Die Mannesklugheit ist so arm;
Gedanken ohne Königin
Wie ein verflogner Bienenschwarm.
Weltmutter Liebe, komm herab
Und deines Kindleins dich erbarm!
(Rückert.)

Frühlingslied.

Komm, o Frühling, meiner Seele Welten wieder mache neu!
Licht am Himmel, Glanz auf Erden, hoch und nieder, mache neu!
Setze mit dem Sonnenknaufe blau der Lüfte Turban auf
Und der Fluren grünen Chaftan, holder Chibher, mache neu!
Mache Wiesen frisch von Kräutern und von Sprossen Haine jung,
Rosen-Schnürbrust und der Lilie schlankes Mieder mache neu!
u. s. f. (Rückert.)

Die neue Form, die ich zuerst in deinem Garten pflanze,
O Deutschland, wird nicht übel stehn in deinem reichen Kranze.
Nach meinem Vorgang mag sich nun mit Glück versuchen Mancher,
So gut im persischen Ghasel wie sonst in welscher Stanze.
(Rückert.)

Die Malaische Form

verbindet mehrere Strophen von freiem Versmaß und Reimverhältniß dadurch, daß der zweite und vierte Vers jeder Strophe als erster und dritter der folgenden wiederkehrt. Eine sehr seltene Form.

Die Makamen (arabisch, gleich dem persischen Divan = Sitz,
Sitzung, Salon, improvisirte Unterhaltung),

dem arabischen Dichter Hariri (1100) von Rückert nachgebildet, sind nicht eigentliche Strophen, sondern unregelmäßige Reihen metrisch ungeregelter, aber gereimter Sätze („orientalische Knittelverse"), aus Versen und Prosa gemischt, gleich geschickt zu Ernst und Scherz, bald zu Wort-, Buchstaben- und Räthsel-Spielen gespitzt, bald lyrisch aufwirbelnd, bald in elegischem Flusse dahinströmend, bald rhetorisch gedehnt, bald gnomenhaft kurz — dem Wechsel von Stimmung und Charakter in der „Unterhaltung" entsprechend, ein gereimtes Gespräch. Beispiel:

Gott! Dir danken wir, wie für jede Habe — also auch für die Redegabe; — wie für des Hauses Ausgang und Eingang, — so für des Geistes Ausklang und Einklang. — Wir danken dir, wie für Tränkung und Speisung, — so für Lenkung und Unterweisung — zu Zweckbedenkung und Kunstbefleißigung. — Bewahr' uns vor Denen, die loben, — eh sie unsern Werth erproben, — wie vor Denen, die schelten, — eh sie wissen, was wir gelten. — Laß uns treiben mit Verstand — Prosaspiel und Verstand — und handhaben sauber — den erlaubten Redezauber. — Unserer Dichtung Schmuck sei die Wahrheit, — unser Ausdruck die Klarheit. (Rückert.)

Schlußbemerkung.

Die reich verschlungenen Formen dieser romanischen und orientalischen Strophen stellen ein Spiel der Verschiebungen dar wie maurische Arabesken. Das Gefühl des Dichters kann in der Künstlichkeit dieses Spieles die Unmittelbarkeit nicht bewahren; er schaukelt wie ein geschickter Ruderer mit kunstfertigen Wendungen auf ihren Wellen und sieht mit reiner Betrachtung ihrem plätschernden Wellenspiele zu.

Wo daher der ursprüngliche Geist fehlt, welchem diese Formen entsprangen; wo namentlich die allgemeine Bedeutung des Reimes hier nicht insbesondere beachtet, nicht mit Geschick recht eigentlich zur Geltung gebracht wird, da ist der Spott verdient, mit welchem Voß die Uebertreibungen und hohlen, tändelnden Reimklingeleien mancher Romantiker geißelt, indem er diese in seinem „Spottsonett" („Was singelt ihr und klingelt im Sonetto?") „Klingler" — und in dem Sonett „An Göthe" die fremde Strophenform eine „Unform, den Geist mit Stümmlung lähmend und Verrenkung" nennt.

Wie für die gesammte Sprachform der Poesie, so gilt für diese Formen insbesondere das Gesetz der reinen Zusammengehörigkeit und Uebereinstimmung von Form und Geist, d. h. der ungezwungenen, durch die Kunst zu höherer Natur erhobenen Form, wie es Göthes Sonett S. 8 und Rückerts Verse andeuten:

Dann ist, o Dichter, dir wahrhaft die Form gelungen,
Wenn so den Leser sie durchbringt, die dich durchdrungen,
Daß er, von ihrem Maß mit Lust gewiegt, vergißt,
Daß man auch auf der Welt den Vers noch anders mißt.

II. Theil.

Die Gattungen und Arten der Poesie.

Wie in der Dichtkunst sich die übrigen Künste wiederholen und zu einer idealen Einheit zusammenfassen (s. Einleitung), so entsprechen auch ihre Grundformen oder Gattungen vorherrschend der bildenden, der empfindenden und der diese beiden wieder in sich schließenden spezifisch dichtenden Phantasie; und so gliedert sich die Poesie in die Epik, welche der Kunst der Anschauung und äußern Wirklichkeit entspricht; in die Lyrik, welche die Kunst des Gefühles und der Innerlichkeit wiederholt; und in die Dramatik, welche beide zur Verbindung und Durchdringung bringt.

Nicht jede Dichtung weist indessen nothwendig das reine, ausschließliche Gepräge Einer Form auf; und ebenso ist auch geschichtlich nicht Eine Form als die ursprünglich vorhandene nachweisbar. Die ältesten Dichtungen, erklärt Vischer, waren überall objectiven Inhaltes, priesen Thaten der Götter und Menschen, freilich in lyrischem Tone; und man kann insofern sagen, es liege hier eine noch unentwickelte Einheit des Lyrischen und Epischen vor; allein es war keine Einheit, die ein Gleichgewicht enthielt; vielmehr das objective, epische Element herrschte und gestaltete sich zuerst weiter zu bestimmten Formen, zu Heldenliedern, die dann zu Epen zusammenwuchsen, während das subjective lyrische noch lange Zeit viel zu unentwickelt blieb, um als stehender Zweig der Dichtung, als entschiedene Form in das Licht der Geschichte der Poesie herauszutreten. „Höre man — so erinnert Göthe — den modernen Improvisator auf öffentlichem Markt, der einen geschichtlichen Gegenstand behandelt; er wird, um deutlich zu sein, erst erzählen, dann, um Interesse zu erregen, als handelnde Person sprechen, zuletzt enthusiastisch auflobern und die Gemüther hinreißen. So sind diese Elemente verschlungen, so die Dichtungsarten bis ins Unendliche manigfaltig."

Mit dem Namen lehrhafte oder **didaktische Poesie** kann keine besondere Gattung bezeichnet werden. Belehrung im engeren Sinne ist Nichts, was der Poesie als solcher zukommt. Anderseits aber liegt im Grunde in jeder sog. Idee auch eine Lehre; und eine absolute Grenze zwischen Ermunterung, Anregung, Begeisterung, Erhebung u. dgl. einerseits, und Belehrung anderseits gibt es selbstverständlich nicht. In diesem Sinne sagt Göthe: Alle Poesie soll belehrend sein, aber unmerklich. Ganz ebenso Joh. von Müller über Homer: Wir werden, ohne es zu merken, belehrt. Und Geibel:

Sittlich sei der Poet, kein Sittenprediger; Lehren
Soll er, allein nur so, wie die Geschichte belehrt;
Hat er ein ewig Gesetz in geschlossenem Bild euch entfaltet,
Sei ihm die trockne Moral drunter zu schreiben erspart.

A. Epik.

Die epische Poesie ist die Wiedergeburt der Plastik innerhalb der Dichtkunst, eine Plastik, in welcher Gestalt mit **Bewegung** sich verbindet und **beide sich bedingen.** (Vgl. Lessings Laokoon über die beschreibende Poesie.) Wie der bildenden Kunst Objectivität eigen ist, d. h. „volle und scharfe Absonderung des Kunstwerkes vom Subjecte", so beruht der Charakter der epischen Dichtung darauf, daß der Dichter objektiv verfährt, d. h. daß er seinen Stoff von seinem Ich (Subject) trennt, also ein Aeußerliches und dieses als für sich geltend, in sich begründet, darstellt; indem er hinter seinen Gegenstand zurücktritt, stellt er denselben mit dem Scheine völliger Selbständigkeit hin.

Wechselnd färbt, wie der Strahl des Gefühls, sich des Lyrikers
Ausdruck,
Aber des Epikers Stil fließe wie reiner Krystall;
Klar sei jede Gestalt; und unsichtbar wie das Licht nur
Ueber dem Ganzen dahin schwebe des Dichters Gemüth. (Geibel.)

Diese Objectivität wird aber zunächst dadurch ermöglicht, daß der Gegenstand der **Vergangenheit** angehört, daß er als ein fertiger Stoff, als eine mit Gleichmuth und Ruhe zu betrachtende, weil nicht zu ändernde, geschlossene Handlung, Begebenheit oder Geschichte erscheint, als habe er sich selbst gemacht und der Dichter thue nichts dazu, sondern stehe nur mit dem Stabe daneben und zeige die Bilder wie Skulpturwerke oder Gemälde, wo wir von Theil zu Theil, von Bild zu Bild fortrücken. Der Dichter läßt die Dinge sich aus sich selbst, nach der strengen Gesetzmäßigkeit ihres eigenthümlichen geistigen und leiblichen Wesens, entwickeln; und sein Stil charakterisirt sich demgemäß durch Fülle und Ruhe, gemessene, breite Fortbewegung und sinnliche Behaglichkeit; und da alle Empfindung ihren sichtbaren Ausdruck in That und Handlung findet, muß der epische Dichter „vorzüglich auf das Auge organisirt sein; wer sich nicht um Körperformen, Kleider, Geräthe, Arten der sinnlichen Bewegung in allem Thun bekümmert, der ist zum epischen Dichter verloren."

Die Epik ist demnach — wie es auch ihr Name andeutet: Epos = Wort, Sage, Erzählung — die Poesie des **Sagens**, der Sage und Erzählung.

Die epischen Dichtungsarten.

Die ersten Erweiterungen des einfachen bildlichen Wortes ergeben die kleineren epischen Dichtungsarten: Allegorie, Fabel, Parabel, Paramythie. Sie sind die spezifisch **symbolischen** Dichtungsarten, weil in ihnen die materielle Handlung nachdrücklich nur als Symbol gelten will: Es wird auf eine Abstraktion, auf eine Ableitung einer geistigen Erfahrung von einem äußeren Vorgang nachdrücklich hingezielt. Sie sind zur Erzählung ausgebildete, episch gewordene Gleichnisse; und insofern haben sie einen die reine Epik trübenden Zusatz von Subjectivität.

An sie reihen sich alsdann die rein oder naiv epischen Dichtungsarten: die **geschichtlichen und sagenhaften**; die an Umfang mittleren: Erzählung, Idyll, Sage, Märchen, Legende, Ballade, Romanze; und die großen: Epos, Roman, Novelle.

1. Die symbolischen Dichtungsarten.

Die Allegorie

erzählt einen Vorgang in lediglich bildlicher Weise, als eine erweiterte, episch durchgeführte Metapher. Sie ist die allgemeinste Art dieser Gruppe. Vgl. Göthes „Zueignung"; Schillers „Mädchen aus der Fremde".

Die Fabel.

Die Fabel (der Apolog) gründet sich auf Naturbeobachtung; sie behandelt Gegenstände und Vorgänge aus der Natur, vorzugsweise Thiere und Pflanzen und ihr Leben, als Abbilder der Menschennatur und des Menschenlebens. Das Ergebniß ist eine einfache Klugheitsregel oder Lebenserfahrung, wie sie das Sprichwort ausdrückt. Je wahrer nun die Auffassung der Natur, je näher liegend die Vergleichung, je weniger Aufwand von Handlung und Erzählung eben darum nöthig ist, um das Ergebniß hervorgehn zu lassen; je mehr die Form der Fabel sich der Kürze und Einfachheit des Spruches oder Epigrammes nähern kann, ohne das unzweifelhafte Ergebniß selbst (als die sog. Moral oder das Epimythion) aussprechen zu müssen, desto sicherer, überzeugender wird sie wirken.

Die Fabel ist keineswegs, wie oft angenommen wird, nur ein Produkt der Kunstpoesie, „ein Abfall des alten Thierepos" oder „eine degenerirte, didaktisch gewordene zerstückelte Thiersage". Die Beziehungen und Anwendungen von thierischen Eigenschaften auf die Menschennatur liegen allezeit so nah (man denke z. B. an die Personennamen mancher Naturvölker, und an Rückerts Wort: Aus jedem Thiere guckt ein Stückchen Mensch hervor — Und jeden Menschen zupft die Thierheit noch am Ohr), daß die Fabel wohl immer auch selbständig neben der Thiersage bestanden hat; und für ihr volksthümliches Wesen zeugt nicht allein ihre inhaltliche Verwandtschaft mit dem Sprichwort, nach welcher sie sich in der That meist nur „wie eine poetische Verkörperung des Sprichwortes" darstellt (griechisch ainos = Fabel und Sprichwort) — sondern auch das häufige Zusammenfließen von Fabel und Sprichwort in ihrer Form. Vgl. z. B.: Der Frosch hüpft wieder in seinen Pfuhl, wenn er auch säß' auf goldnem Stuhl. Der Fuchs ändert den Balg und behält den Schalk. Heute dir, morgen mir, sagte die Ente zum Regenwurm. Es ist Maul wie Salat, sagte der Esel, da fraß er Disteln. Es ist besser etwas denn nichts, sprach ein Wolf, da verschlang er einen Schnaken. (**Apologische Sprichwörter**.)

Deutsche Fabeldichter: Hagedorn, Gellert, Lichtwer, Michaelis, Willamov, Pfeffel, Lessing, Fröhlich, Hey, Güll, Sturm.

Die Parabel.

Die Parabel erzählt in kurzer und schlichter Form eine Begebenheit, durch welche sie, meist auch mit ausdrücklicher Angabe des Zweckes, erhabene und ehrwürdige, auf die Religion gegründete Wahrheiten des sittlichen Lebens ausspricht. Aus diesem Grundcharakter folgt auch, daß sie ihren Stoff öfter aus dem Menschenleben als aus dem Naturleben entnimmt und eine ernstere, edlere Sprache führt als die Fabel. Die mustergültigsten Parabeln enthält das Neue Testament.

Deutsche Parabeldichter: Herder, Göthe, Krummacher, Rückert, Agnes Franz.

Die Parabel heißt Paramythie, wenn sie ihren Stoff der Mythe entnimmt; die Paramythie könnte deshalb auch wohl eine Mythenparabel genannt werden.

2. Die geschichtlichen und sagenhaften Dichtungsarten.

Die poetische Erzählung

ist die allgemeinste Art dieser Gruppe; ihren Inhalt bildet ein einfacher Vorfall. Die scherzhafte Erzählung heißt **Schwank** und fällt leicht mit der Satire zusammen. Die bezüglichen Dichter sind zahllos. Mustergültig ist z. B. Gustav Schwab: „Johannes Kant".

Das Idyll.

Das Idyll (die Idylle, Eidyllion = Bildchen), ursprünglich nur den Keim einer Handlung enthaltend, stellt auf einem breiten Hintergrund von Landschaft oder Wohnort eine einfache Handlung einfacher ländlicher oder bürgerlicher Naturen bar, mehr ein ruhendes Leben, eine lebende Gruppe, als Handlung im strengen Sinn: „ein umzäuntes Gartenleben unter einem blauen Himmel", wie es Jean Paul nennt. Sie gibt ein Bild harmloser Natürlichkeit („des Vollglückes in der Beschränkung"), aber mehr nur eine Situation als ein vollständiges Lebensbild.

Ohne die lebenden Gestalten würde das Idyll zur bloßen, unpoetischen Beschreibung; ohne den einheitlichen, abgerundeten Vorgang zum lyrischen Genre- oder Stimmungsbild.

Idyllendichter: Voß, Hölty, E. v. Kleist, Göthe, Fr. Müller, Geßner, Groth, Bronner, Platen, Mörike; mundartliche: Hebel, Usteri, Wyß, — Reuter, Corrodi. Das Idyll erweiterten zur Dorfgeschichte („Idyll in Novellenform"): Immermann, Bitzius, Auerbach, Oertel, Hartmann, Meyer-Merian, Breitenstein, Ernst.

Die Sage und das Märchen.

Die Sage ist ein Produkt der Volkspoesie; ihr Stoff ist ein traditioneller: sie hat theils mythische, theils historische Bestandtheile (Götter-, Thier-, Natur-Sage, Mythe, Heldensage), und haftet an Zeit und Ort.

Das Märchen ist entweder volksmäßige Ueberlieferung (Volksmärchen) und spinnt, als „der letzte Ausläufer des Mythus", uralte Glaubenssätze in kindlich traumhafter Phantasie, indem es dieselben auf die kleinsten Dinge und Begebenheiten anwendet, zu epischen Gebilden aus („eine spielende Arabeske am Stamm des echten Epos"); oder es ist ein rein subjectives Phantasiegebilde (Kunstmärchen) mit Abschwächung des Mythischen in das schlechthin Wunderbare; und sein Reiz beruht alsdann darauf, daß es uns in die Wunder der Frühjugend, in die Frühjugend der Menschheit zurückversetzt, wo die Natur flüssig wird und den Wünschen der Einbildungskraft fügsam entgegenkommt; daß es der Ausdruck der Kinderphantasie ist, welche alle Dinge in der Welt beseelt, aber mitten im phantastischen Spiel eine ewige Wahrheit und Gerechtigkeit ahnen läßt. In beiden Formen ist es unabhängig von Zeit und Ort.

Sage und Märchen, jedes hat seinen eigenen Kreis. Das Märchen ist poetischer, die Sage historischer; jenes besteht beinahe nur in sich selber fest, in seiner angebornen Blüthe und Vollendung; die Sage, von einer geringeren Manigfaltigkeit der Farbe, hat noch das Besondere, daß sie an etwas Bekanntem und Bewußtem haftet, an einem Ort oder einem durch die Geschichte gesicherten Namen. Aus dieser ihrer Gebundenheit folgt, daß sie nicht, gleich dem Märchen, überall zu Hause sein könne, sondern irgend eine Bedingung voraussetze, ohne welche sie bald gar nicht da, bald nur unvollkommen vorhanden sein würde; kaum ein Flecken wird sich in ganz Deutschland finden, wo es nicht ausführliche Märchen zu hören gäbe, manche, an denen die Volkssagen blos dünn und sparsam gesäet zu sein pflegen. Die Märchen sind also theils durch ihre äußere Verbreitung, theils durch ihr inneres Wesen dazu bestimmt, den reinen Gedanken einer kindlichen Weltbetrachtung zu fassen; sie nähren unmittelbar wie die Milch, mild und lieblich, oder der Honig, süß und sättigend, ohne irdische Schwere; dahingegen die Sagen schon zu einer stärkeren Speise dienen, eine einfachere aber desto entschiedenere Farbe tragen und mehr Ernst und Nachdenken fordern. Ueber den Vorzug beider zu streiten wäre ungeschickt; auch soll durch diese Darlegung ihrer Verschiedenheit weder ihr Gemeinschaftliches übersehen, noch geläugnet werden, daß sie, in unendlichen Mischungen und Wendungen in einander greifend, sich mehr oder weniger ähnlich werden." Jakob und Wilhelm Grimm.

Volks-Sagen und -Märchen sammelten unter Vielen vorzüglich: Jakob und Wilhelm Grimm, Wolf, Müllenhoff, Panzer, Rochholz, Menzel, Schönwerth, Stöber, Meier, Kuhn, Pröhle, Zingerle, Bechstein, Alpenburg, Bonbun, Vernaleken, Schleicher, Birlinger, Wyß, Herzog, Lütolf, Tscheinen und Ruppen, Kohlrusch, Flugi, Sutermeister. Kunstmärchen dichteten: Musäus, Tieck, Fouqué, Brentano, Göthe, Hauff, Rückert, Chamisso, Andersen, Eichendorff, Kopisch, Wolfgang Müller, Redwitz.

Die Legende.

Legende heißt diejenige Sage, welche ihren Inhalt aus dem Sagenkreise der christlichen Kirche schöpft. Sie war im Mittelalter das Buch, "welches die Summe Dessen umfaßte, was nicht nur durchs ganze Jahr hin dem Volke öffentlich vorgelesen (Legende = das zu Lesende), sondern auch zu seiner häuslichen Erbauung fast einzig in die Hand gegeben ward; und da dies insonderheit Lebensbeschreibungen der Heiligen waren, auch Allem, was man damals schrieb, der Ton der Andacht und des Wunderbaren anhieng, so ist der Name Legende der wunderbar frommen Erzählung geblieben." (Herder.) Die Legende kann somit auch füglich **Heiligensage** heißen.

Legendendichter: Herder, Göthe, W. Schlegel, Rosegarten, Langbein, Uhland, Rückert, Schefer, Schwab, Simrock.

Ballade und Romanze.

Ballade und Romanze stehen auf dem Grenzgebiet der Epik und der Lyrik: Sie sind Abkömmlinge der alten Heldenlieder, die zuerst einzeln gesungen, dann zum Epos fortgebildet und zusammengefügt wurden (s. unten Epos); sie leiten also zu jener elementarischen Form zurück, wo das Lyrische und das Epische noch im Keim vereinigt sind. Ballade und Romanze sind Sagen in Liedesform; ihr Unterschied liegt nicht im Stoff, sondern in der Behandlung desselben: in ihrem Stil.

Die **Ballade**, „das epische Lied des Nordens" (der Skandinavier, Schotten und Engländer) hat mehr musikalischen und dialogischen Charakter: sie repräsentirt die nordische Stimmung mit ihrem bewegteren, ahnungsvolleren, mehr andeutenden als zeichnenden Ton, ihrem stoßweisen, Mittelglieder überspringenden Gange.

Die **Romanze**, „das epische Lied des Südens" (der Spanier, Franzosen und Italiener) ist mehr ein Sprechlied, mehr Recitativ als Melodie; ihr Stil ist, dem romanischen Völkergeist entsprechend, heller, durchsichtiger, mehr episch entwickelnd, mehr plastisch.

Balladen- und Romanzendichter: Herder, Bürger, Stolberg, Göthe, Schiller, W. und Fr. Schlegel, Brentano, Uhland, Körner, Rückert, Zedlitz, Platen, Kerner, Schwab, Heine, Chamisso, Lenau, Gruppe, W. Müller, Freiligrath, Geibel, Vogl, Hoffmann, Droste-Hülshoff, Sallet, Wackernagel, Simrock, Meyer.

Das Epos.

Das Epos (die Epopöe, Heldengedicht) ist, wie es sein Name andeutet, die spezifisch epische Dichtungsart; von ihm gelten in vollem Umfange die in der allgemeinen Charakteristik der epischen Poesie entwickelten Gesetze; es verlangt die höchste Objectivität des Stiles.

Zuerst sind es Erlebnisse und Thaten, welche die Menschen zum Gesang anregen, und der erste große Wurf der epischen Poesie ist das Heldengedicht. Es entsteht als **Volksgesang** in einer Periode des Allgemeingefühls und des gemeinsamen Handelns, und ist also das Eigenthum eines ganzen Volkes. Es setzt einen Kreis von Heldengesängen oder Einzelsagen zusammen und verknüpft so eine Reihe von Situationen und Begebenheiten von hohem Interesse und weitgreifender nationaler Bedeutung innerlich zu einem großen Ganzen, das den Kampf manigfaltiger menschlicher Kräfte und Willensrichtungen, und feindseliger dämonischer und natürlicher Kräfte und Gestalten der alten Sage darstellt. Das Leben, aus welchem es schöpft, ist noch ein in sich geschlossenes Ganzes; die Dinge der Außenwelt stehn in innigster Beziehung zu den Menschen, sind von der Seele derselben durchdrungen, wenn der Held sich sein Schiff selber gezimmert, das Szepter selber gehauen, das Mahl selber bereitet hat; es sind keine fremden und weitläufigen Vermittelungen zwischen den Personen und ihren Geräthschaften, sondern ein unmittelbares Eingreifen. Breite Ausführlichkeit in der Darstellung der sinnlichen Handlung ist deshalb der Grundzug des Stiles im Epos.

Homer ist höchst umständlich in Schilderung eines Stockes, Scepters, Bettes, der Waffen, Gewänder, Thürpfosten, und vergißt selbst nicht der Angeln zu erwähnen, auf denen die Thür sich dreht. Ochsen zu schlachten, zuzubereiten, Wein einzuschenken u. s. w. ist ein Geschäft der Heroen selbst, das sie als Zweck und Genuß treiben. Die umständlichen Schildereien Homers in diesem Kreise von Gegenständen dürfen uns deßhalb nicht eine poetische Zuthat zu einer kahlen Sache dünken, sondern diese ausführliche Beachtung ist der Geist der geschilderten Menschen und Zustände selbst. Göthe.

Mit dieser Breite der Darstellung hängt auch zusammen, daß die Eine Haupthandlung öfters unterbrochen wird durch Zwischenereignisse (**Episoden**), welche ganze Abschnitte (Bücher, Rhapsodieen, Gesänge) ausfüllen können.

Das heroische Epos (altd. Märe) schildert nicht nur einen einzelnen Helden, sondern eine Welt von Helden und Heldenthaten. Die heroischen Epen sind demnach die echten, ursprünglichen Epen, die aus dem Heroenleben der Völker schöpfenden Volksepen.

Die großartigsten heroischen Epen der deutschen Literatur sind die Nibelungen und die Gudrun um 1200.

Kunstepos (Epopöe im engern Sinn) heißt die künstliche Nachahmung des alten, naiven Volksepos; was in dem letzteren großentheils die Natur selbst und der Volksgeist geleistet hatte, fällt nun in dem Kunstepos als bewußte künstlerische Aufgabe dem einzelnen Dichter zu. Dahin gehören die folgenden Unterarten:

Das romantische Epos (altd. Aventiure) hat zum Inhalt die Idee des Ritterthums (Gottesdienst, Herrendienst, Frauendienst) und bewegt sich vorzugsweise in dem Gebiet fremder, durch Vermittelung romanischer Dichter auf deutschen Boden verpflanzter Stoffe. Die großen Göttergestalten der Volkssage weichen hier den untergeordneteren der Riesen, Zwerge, Feen, Elfen und Zauberer (die sog. Maschinerie des Epos; „der Name gesteht, daß die ursprünglichen poetischen Motive mechanisch wurden". V.)

Die größten Kunstepen aus der ersten klassischen Periode: Parzival von Wolfram von Eschenbach, und Tristan und Isolde von Gottfried von Straßburg um 1200. Aus der zweiten (die „neuromantischen Epopöen"): Oberon von Wieland 1780; Cäcilie, und die bezauberte Rose von Schulze 1815 und 1818; Otto der Schütz von Kinkel 1843, Amaranth von Redwitz.

Das bürgerliche oder idyllische Epos steht auf der Grenze zwischen Epos und Idyll; es hat vom Epos noch den großen Hintergrund: weltgeschichtliche Zeitereignisse — während die eigentliche Handlung in dem engen Kreise persönlicher Lebensbeziehungen spielt.

Das unübertroffene Muster dieser Art lieferte Göthe in Hermann und Dorothea; seine eigene Erklärung darüber charakterisirt die Dichtungsart: „Ich habe das Reinmenschliche der Existenz einer kleinen Stadt in dem epischen Tiegel von seinen Schlacken abzuscheiden gesucht und zugleich die großen Bewegungen und Ver-

änderungen des Welttheaters aus einem kleinen Spiegel zurück-
zuwerfen getrachtet."

Das komische Epos (scherzhafte Epopöe) ist eine ironische
Auflösung sämmtlicher Epen-Arten (eine Parodie oder Travestie,
deren Wirkung auf dem Kontrast zwischen Form und Gehalt beruht; s. unten Satire); sie wendet Stil und Haltung des ernsten
Epos auf kleinliche, oder aber den Stil des Schwankes auf erhabene Gegenstände an.

Dichter: Zachariä, der Renommist 1744, und Phaëton.
Blumauer, Aeneis. Kortüm, Jobsiade 1784. Wagemann, die
Abenteuer Telemachs.

Der Roman.

Der Roman ist seinem Ursprunge nach eine Auflösung des
romantischen Epos in eine Prosaerzählung. Der Name stammt
aus dem altfranzösischen Romant, womit die abenteuerlichen,
phantastischen Volksbücher bezeichnet wurden, welche im 16. Jahrhundert romanische Sagenstoffe in der lingua romana — d. h.
der mit dem Lateinischen vermischten Volkssprache („Welsch".) im
Gegensatz zu der lingua latina, d. h. der alten lateinischen
Sprache — behandelten; er wurde in Deutschland alsbald von
dem vielgelesenen ältesten französischen Roman „Amadis" —
einem Cyclus von abenteuerlichen Erzählungen in 24 Büchern,
um 1570 nach Deutschland verpflanzt — auf alle verwandten
Dichtungen übergetragen. In seiner neueren Entwicklung dagegen
stellt sich der Roman („das moderne Epos") nun als „ein Ver-
such dar, der epischen Poesie auf dem Boden der Prosa ihr ver-
lorenes Recht wieder zu erringen" (Hegel). Seine Grundlage
ist die erfahrungsmäßig erkannte Wirklichkeit, also die schlechthin
nicht mehr mythische, die wunderlose Welt. Er begibt sich auf
den Boden des Reinmenschlichen; und an die Stelle jener poetischen Weltanschauung, jener sagenhaften und völkergeschichtlichen
Momente des alten Epos tritt im Roman die prosaische Weltordnung und die rein menschliche Individualität, wie sie im
Drang des Lebens sich entwickelt, das persönliche Schicksal des
Einzelnen in der Schule der Erfahrung, das Familien- und
Privatleben; und da dies Alles typisch ist, so wird der Roman

ein „poetisches Kulturgemälde". Treibt im Epos Alles nach außen, nach That und Handlung, so treibt im Roman Alles nach innen, zu den Geheimnissen und Kämpfen des Seelenlebens („psychologische Malerei"). Aus dem Gegensatz (Kontrast), in welchen der Charakter des Helden mit den Verhältnissen (Situation) tritt, entwickelt sich ein Zusammenstoß und Kampf (Kollision), der mit dem Siege oder Unterliegen des Helden (Ausgang) endigt.

Wenn man, sagt Vischer, die Stellung des Romanes ganz allgemein vom Standpunkte der reinen, selbständigen Kunstschönheit betrachtet, so drängen sich schwere Bedenken auf: der Roman hat zu viel Prosa des Lebens zugestanden, um einen sichern Halt für ihre Idealisirung zu haben; daher schwankt er so leicht nach zwei Extremen hin aus dem Gebiete des rein Aesthetischen weg: er wirkt sinnlich stoffartig und sinkt zur breiten, leichten oder wilden Unterhaltungsliteratur herunter; oder er wirkt didaktisch tendenziös, nimmt jeden Streit der moralischen, socialen, politischen, religiösen Theorieen und Ideen auf und vergißt nun abermals, daß das wahrhaft Schöne zwecklos ist.... Diesen Charakter, die Prosa nicht gründlich brechen zu können, gesteht nun der Roman auch dadurch zu, daß er in gebundener Sprache ganz undenkbar ist und mit bloßem entferntem Anklang des Rhythmischen sich begnügen muß. Allein die Sprachform wird auch zum rückwirkenden Motive, diesmal im schädlichen Sinne, und steigert die Versuchung, die an sich schon in der Dichtart liegt, stoffartige Massen von Historischem, Gelehrtem aller Art, unverarbeiteter Weisheit, Tendenziösem, Erbaulichem u. s. w. in das geduldige Gefäß zu schütten.

Theils nach dem Stoffgebiet, theils nach dem Stimmungsunterschied verschieden benannt, heißt der Roman historisch, social (der aristokratische, der Volks-, Familien-, Sitten-, Künstler-, Reise-, See-, Ritter-, Räuber-Roman), Tendenzroman (philosophisch, moralisch, aesthetisch), und sentimental (empfindsam), humoristisch, satirisch.

Romandichter, neben zahllosen älteren und neueren:
Historischer Roman: Hering, Spindler, Hauff, Stolle.
Socialer Roman: Christoph von Grimmelshausen, „Simplicissimus" 1669. Göthe, „Wilhelm Meister"; Immermann, „die Epigonen". Familienroman: Engel, „Lorenz Stark"; Freitag, „Soll und Haben", „Die verlorne Handschrift". Sittenroman: Gutzkow, „Die Ritter vom Geist".

Reise- und See-Roman: Schnabel, „Die Insel Felsenburg" (der Vorläufer der Robinsonaden in Deutschland) 1731. H. Schmidt, Gerstäcker.
Tendenzroman: Fr. H. Jacobi, Steffens, Tieck, Auerbach.
Sentimentaler Roman: Göthe, „Werther".
Humoristisch-satirischer Roman: Jean Paul, Hippel, Hoffmann, Wagner, Goltz.

Die Novelle.

Die Novelle und Novellette, aus Italien stammend, daselbst eine aus den Ereignissen der Gegenwart hergenommene prosaische Erzählung („Neuigkeit"; von Boccaccio im 14. Jahrhundert ausgebildet) ist ursprünglich eine kleine Erzählung von erotischem Charakter; allmälig aber ihr Stoffgebiet erweiternd tritt sie dem Roman nahe und bleibt von ihm schließlich nur noch dadurch unterschieden, daß sie nicht die volle Entwickelung eines Charakters gibt, sondern — in rascher, aphoristischer Darstellung — nur eine Situation, einen Ausschnitt aus einem Menschenleben, der eine Spannung und eine Krise hat.

Novellendichter, unter zahllosen: Göthe, Tieck, H. v. Kleist, Eichendorff, Zschokke, Schefer, Heyse, Corvinus, — Bitter, Hofstetter, G. Keller, J. Frei.

B. Lyrik.

Wie die Epik die objective plastische, so ist die Lyrik die subjective musikalische Poesie (Lyrik von Lyra, weil die Griechen mit diesem Saiteninstrumente das gesungene Wort begleiteten). Sie ist der Ausdruck der Innerlichkeit, der Empfindung. Wenn der Epiker hinter seinem Werk verschwand und die Bilder des Lebens sich mit eigener Kraft vor unsrer Anschauung zu bewegen schienen, so tritt dagegen der Lyriker selber in den Mittelpunkt; sein Gefühl ist es, das die Welt aufnimmt, er zeigt sie uns nur in dem Spiegel und in der Gegenwart seines Gemüthes. Er singt „von Lenz und Liebe, von sel'ger goldner Zeit, von Freiheit, Männerwürde, von Treu' und Heiligkeit" — die ganze Stufenleiter der Empfindung wird in ihren einzelnen Bewegungen von ihm festgehalten und durch das Aussprechen dauernd gemacht; und dies gelingt ihm um so vollkommener, je lebendiger die Empfindung in ihm herrscht und je vollständiger er sich dabei die Freiheit des Geistes bewahrt, welche zugleich die Uebermacht der Leidenschaft aufhebt und in der individuellen Empfindung die allgemein menschliche und ewig wahre sich spiegeln und so allein das Schöne erzeugen läßt. (Vgl. Schillers Recension von Bürgers Gedichten, und Göthe: „Denn eben die Beschränkung läßt sich lieben, wenn sich die Geister gar gewaltig regen." S. 41.)

> Wer Leidenschaften schildern will,
> Muß brinnen sein zugleich und braußen;
> In deinem Herzen sei's fein still
> Und hör um dich die Stürme brausen.
> (Rückert.)

> Das ist des Lyrikers Kunst: aussprechen was Allen gemein ist,
> Wie er's im tiefsten Gemüth neu und besonders erschuf;
> Oder dem Eigensten auch solch allverständlich Gepräge
> Leih'n, daß Jeglicher drin staunend sich selber erkennt.
> (Geibel.)

Die Lyrik ist deshalb die Seele aller Poesie; denn die Begeisterung, die in der epischen (und dramatischen) Poesie durch mancherlei Kanäle geleitet wird, quillt in der Lyrik frisch und unmittelbar hervor.

Auf dieser Verwandtschaft mit der Musik beruht auch der Unterschied des lyrischen Stiles von dem epischen. Die Lyrik schreitet nämlich — weil sie eben Poesie ist — von dem allgemeinen Empfindungsausdruck des Tones zwar schon zur Bestimmtheit des Wortes fort; sie enthüllt die Schwingungen des Gemüthslebens im Lichte des Bewußtseins, wirkt durch klare Bilder auf die Phantasie und ruft durch diese die eigene Stimmung des Dichters auch in dem Hörer hervor; allein es entzieht sich doch immer das reine Gefühl — seiner Natur nach — dem Ausdruck im Worte; es verbleibt dem lyrischen Wort immer das Hellbunkel der Gemüthswelt. („Worte schwimmen der tiefsten Seele oben auf, wie Blei und Eisen auf flüssigem Gold;" Bogumil Golz. „Daß so viel zum Herzen bringt, was man nicht in Worte bringt!" A. E. Fröhlich. „Spricht die Seele, so spricht, ach, schon die Seele nicht mehr!" Schiller.)

Wie sind deine Töne,
Menschenbrust, so dumpf!
Wie für's Geistigschöne,
Worte, seid ihr stumpf!

Wie sind eure Glieder
Ungeschmeidig streng,
Eure Formen, Lieder,
Dem Gefühl zu eng!

Was ich hatt' empfunden
In der Brust so warm,
Wie sich's losgewunden,
Steht es da so arm!
       (Rückert.)

Und so ist der Stil und Ton der Lyrik, gegenüber der epischen Breite und Ruhe, unter dem Eindrucke des gegenwärtigen und überströmenden Gefühles mehr locker, gebrochen, überspringend, lebendig beweglich; und der lyrische Dichter muß mehr nur ahnen lassen als er ausspricht — ein Mangel der Lyrik, der zugleich ihr Reiz ist, indem er die empfangende Phantasie zur Ergänzung des Unausgesprochenen anregt. Ob daher der Dichter die Gefühle selbst unmittelbar, oder die mit dem Gefühl aufgefaßten Erscheinungen der Außenwelt, ob er Anschauungen, Gedanken oder Willensbewegungen darstellt, — die Erzeugnisse der lyrischen Poesie haben nicht sowohl einen bestimmten Körper, als einen bestimmten Duft, der dem Blüthenduft des aufgeschlossenen Blumenkelches oder der unbeschreibbaren Blume und dem Arom des Weines zu vergleichen ist („An der Blume erkennt man den Wein, aber sie selbst ist unbestimmbar").

  Wische mir nicht den Staub vom Gedicht
  Mit deinen tölpischen Fragen;
  Kannst du des Regenbogens Licht
  Heim in den Händen tragen?
        (Fr. Ofer.)

In der Sprache der „musikalischen Poesie" tritt selbstverständlich das musikalische Element der poetischen Sprache nach seinem vollen Umfang in den Vordergrund. Die innere Melodie wird im ganzen Tonfall der Worte, in Rhythmus und Reim, dem Ohr vernehmlich. Ungleich mehr als die Anschauung ist die Empfindung mit dem besonderen Worte verwachsen; daher die Schwierigkeit der Uebertragung lyrischer Dichtungen aus einer Sprache in die andere.

Unübersetzbar dünkt mich das Lyrische; ist doch der Ausdruck
Hier von des Dichters Geblüt bis in das Kleinste getränkt.
Auch in verwandelter Form noch wirken Bericht und Gedanke;
Doch die Empfindung schwebt einzig im eigensten Wort. Geibel.

Die lyrischen Dichtungsarten.

Die Lyrik kann das Empfindungsleben unmittelbar aussprechen; oder sie kann eine objectivere Form annehmen und die Stimmung des Dichters dadurch in dem Hörer hervorrufen, daß die Gegenstände geschildert werden, die ihn in dieselbe versetzt haben; oder sie kann endlich die Ideenwelt darstellen, wie dieselbe zugleich das Eigenthum und die bewegende Macht des Gemüthes ist. So ergibt sich eine Lyrik des unmittelbaren oder reinen Gefühles: das Lied; der Anschauung: Ode, Hymne, Dithyrambus, Elegie, Heroide; und des Gedankens, d. h. der Ideen nach ihrem Leben im Gemüth, aus Empfindungen hervorgerufen und wieder Empfindungen weckend: Satire, Epistel, Epigramm, Gnome und einige Fremdformen; s. S. 33 ff.

1. Lyrik des reinen Gefühls.

Das Lied.

Die wahre lyrische Mitte, worin der Inhalt rein im Subject aufgeht, so daß dieses ihn ausspricht, indem es frei und einfach sich und seinen augenblicklichen Stimmungszustand ausspricht, begreift die große Masse des Liederartigen. Alle Grundzüge des Lyrischen gelten vorzüglich von dieser Form. Unmittelbarkeit, Schlichtheit, Leichtigkeit, Sangbarkeit ist die Natur des Liedes. Demnach sagt ihm menschlich vertrauter Inhalt zu; doch kann es zugleich auch die höchsten Gegenstände, die tiefsten Kämpfe des Herzens, die tragischen Leiden des Einzelnen und des Gesammtlebens so gut als jede Freude und inniges Naturgefühl behandeln, wenn sie nur ganz in subjective Empfindung eingegangen sind.

Der Stoff des Liedes ist also ein unendlich manigfaltiger; daher heißt es bald nach Stimmung und Anlaß: Geistliches und weltliches, ernstes und heiteres Lied, Scherz- und Klagelied, Natur- und Gesellschaftslied (Skolion = Zickzack- oder Tafellied), Vaterlandslied (Bardiet Klopstocks), Kriegslied, Liebes- (erotisches) und Wander-Lied; bald nach Stand und Individualität des Dichters: Jäger-, Hirten-, Fischer-, Soldaten-, Reiter-, Studenten-, Handwerker-, Kinder-Lied. Immer aber ist der Stoff ein einfacher: Eine Grundstimmung erfüllt das Lied.

Als das eigentliche Singgedicht hat das Lied eine für den Gesang auch vorzüglich geeignete Form: regelmäßige Stropheneintheilung, sangbare Rhythmen und wohllautende Reime.

> Lied, das ohne Reime fliegt,
> Ist an beiden Schwingen lahm.
> (Rückert.)

Neuere Liederdichter: Hagedorn, Claudius, Hölty, Voß, Bürger, Salis, Matthisson, Göthe, Schiller, Novalis, Brentano, Jacobi, Tieck, Arndt, Körner, Uhland, Rückert, Eichendorff, Hebel, Hoffmann, Schwab, Kerner, Mayer, Tanner, Fröhlich, Lenau, Heine, Grün, Seidl, Droste-Hülshoff, Reinik, Herwegh, Kopisch, Simrock, Kinkel, Wackernagel, Sallet, Prutz, Pfitzer, Kugler, Storm, Sturm, Roquette, Mörike, Scheffel, Keller, Dössekel, Reber, Caduff, Morell, Corrodi, Widmann, Oser, Mähly, Weber, Schöni, Niggeler u. s. w.

Während nach dem modernen Sprachgebrauche Volkslieder solche Lieder heißen, welche, aus der Sphäre bewußter Bildung stammend, durch gelungene Nachahmung des Volkstones populär werden, beruht das alte, eigentliche, aus dem Volke stammende Volkslied auf andern Voraussetzungen. Volk, erklärt Vischer, heißt nämlich, wenn man von dem echten Volksliede spricht, ursprünglich, ehe diejenige Bildung eintrat, welche die Stände nicht nur nach Besitz, Macht, Recht, Geschäft, Würde, sondern nach der ganzen Form des Bewußtseins trennt, die gesammte Nation. Da ist kein Unterschied des poetischen Urtheils; dasselbe Lied entzückt Bauern, Handwerker, Adel, Geistliche, Fürsten. Nachdem nun diese Trennung eingetreten

ist, heißt der Theil der Nation, der von den geistigen Mitteln
ausgeschlossen ist, durch welche die Bildung als die bewußtere
und vermitteltere Erfassung seiner selbst und der Welt erarbeitet
wird, das Volk; allein dieser Theil ist das, was einst Alle
waren, die Substanz und der mütterliche Boden, worüber die
gebildeten Stände hinausgewachsen sind, aus dem sie aber
kommen. Diese ganze Schichte lebt ein vergleichungsweise un-
bewußtes Leben, und weil die lyrische Poesie wesentlich ein
Erzeugniß nicht des hellwachen, sondern des als Seele in Natur
versenkten, ahnenden Geistes ist, so liegt gerade hier ein be-
sonderer Beruf zu dieser Dichtart, dessen reichere Erfüllung nur
wartet, bis die dämmernde Volksseele vom reiferen Geiste der
Erfahrung angeweht wird, ohne doch ganz zum Tageslichte der
Reflexion aufgerüttelt zu werden. In diesem Boden erwächst
nun jene Kunst ohne Kunst, deren Grundzug die Schönheit der
Unschuld ist, die „nicht sich selbst und ihren heil'gen Werth
erkennt." Sie ist nur möglich in unmittelbarer Verbindung mit
der Musik; das Volkslied wird singend improvisirt, pflanzt sich
nur mit seiner Melodie fort, denn hier wird nicht geschrieben
und gedruckt. Der Dichter tritt nicht hervor, wird nicht genannt,
Niemand fragt nach ihm, er hat im Namen Aller gesungen;
das Subject isolirt sich ja auf der ganzen Bildungsstufe nicht;
es gibt nur Ein Gesammtsubject, dies ist das Volk; und das
Volk ist eigentlich der Dichter; es gibt keinerlei literarisches
Interesse, Interessantsein und Interessantseinwollen, kein kriti-
sches Urtheil; was schön ist, erfreut, weil man es an der
Rührung fühlt. Vgl. Sallet: das Volkslied. Die Blüthe
des deutschen Volksliedes fällt in das 15. und 16. Jahrhundert;
Sammlungen von Volksliedern veranstalteten Herder, Arnim
und Brentano, Büsching und von der Hagen, Görres, von
Erlach, Hoffmann von Fallersleben, Uhland, Rochholz, Menzel,
Erk, Mittler, Liliencron.

Mit dem Volksliede auf Einer Stufe steht das im Volke
lebende erbthümliche Kinderlied; Sammlungen von Grimm,
Simrock, Wolf, Fiedler, Mannhardt, Rochholz, Stöber, Meier,
Birlinger.

2. Lyrik der Anschauung.

Ode, Hymne und Dithyrambus.

In der Ode (griech. Gesang) spricht sich die hocherregte
Empfindung des Dichters durch eine bewundernde, begeisterte
Anschauung des erhabenen Gegenstandes (Natur, Geschichte, Kunst,

Gemüths- und Geistesleben) aus, welcher die Empfindung hervorgerufen hat. Würde und Erhabenheit, kühner Schwung und Stärke der Empfindung sind also die wesentlichen Elemente der Ode, und in ihrer Sprache herrscht vorzugsweise die sog. lyrische Unordnung, eine kühn abspringende Komposition von Bildern und Wendungen. Hier ist „der Tummelplatz der kühnen Metaphern, der energischen Ausrufe, der aufblitzenden Antithesen, der überraschenden Wortbildungen, der vollsten und wogendsten Rhythmen." Eine vielfach bewegte und doch zu festem Maß geordnete Rhythmik — meist antikes Versmaß: alkäische, asklepiadische, sapphische Strophe — ist ihr eigen und sagt ihrer Anschaulichkeit mehr zu als „der gefühlsselige Reim". Vgl. Platens Ode: Loos des Lyrikers.

Hymne (die „religiöse Ode"; bei den Griechen ein Loblied auf die Gottheit, von einem am Altar stehenden oder tanzenden Chor zur Kithara gesungen) heißt die Ode, welche das göttlich Erhabene feiert. (Vgl. die Psalmen und altlateinischen Kirchenhymnen.)

Die Hymne steigert sich zum Dithyrambus (ursprünglich ein Lied zu Ehren des Weingottes Dionysos oder Bachus), wenn die Begeisterung in jenes Irren der Phantasie übergeht, das der bachantischen Trunkenheit angehört. Was den Griechen Dionysos war, das ist uns jeder Moment der leidenschaftlich dunkeln Erregung, in der das Höchste und Bedeutendste uns erfüllt.

Oden-, Hymnen- und Dithyramben-Dichter: Klopstock, Gellert, Uz, Cramer, Haller, Herder, Fr. Müller, Voß, Hölty, Stolberg, Lavater, Göthe, Schiller, Hölderlin, Willamov, Platen, Kopisch, Minckwitz, Gottschall, Knapp, Gerock.

Elegie und Heroide.

Die Elegie versenkt sich in die Betrachtung der Vergangenheit, indem sie mit fast epischer Beschaulichkeit auf die Gegenstände zurückblickt, welche das gegenwärtige Gefühl veranlaßt haben. Nicht also mit entflammter Energie wie die Ode erfaßt sie ihren Gegenstand, sondern sie ergibt sich ihm mit passiver Stimmung des Gemüthes: sie ist der ruhige, mehr objective, milde Ausdruck einer Klage um ein entschwundenes Glück; indem sie aber die Klage ausspricht, findet sie auch die Versöhnung, denn „durch Trauern wird die Trauer zum Genuß" (Göthe). Vgl. das Triolett von Kugler S. 35.

Bei der Elegie darf die Trauer nur aus einer durch das Ideal erweckten Begeisterung fließen; dadurch allein erhält sie poetischen Gehalt, und jede andere Quelle ist völlig unter der Würde der Dichtkunst ... Der Inhalt der dichterischen Klage kann niemals ein äußerer, jederzeit nur ein innerer idealischer sein; selbst wenn sie einen Verlust in der Wirklichkeit betrauert, muß sie ihn erst zu einem idealischen umschaffen. (Schiller.)

Das ist nicht Elegie,
Die jammert nur und stöhnt,
Sofern sie Poesie,
Verklärt sie und versöhnt. (S.)

Elegieendichter: Klopstock, Kleist, Jacobi, Herder, Hölty, Salis, Matthisson, Tiedge, Göthe, Schiller, W. Schlegel, Hölderlin, Zedlitz, Immermann, Rückert, Lenau, Geibel.

Die Heroide (ein durch Ovid eingeführter „Heroenbrief") ist eine Elegie in Form eines Sendschreibens, worin der Dichter eine historische, mythische, literarische oder auch fingirte Person einer zweiten ihre Empfindungen mittheilen läßt.

Heroidendichter: Wieland, Kosegarten, W. v. Schlegel.

Nänie heißt die Todtenklage, der Leichengesang.

3. Lyrik des Gedankens.

Die Satire.

Die Satire (lat. satura, reichhaltig; ein Gedicht von allerlei Inhalt) stellt das der Idee schöner Menschlichkeit Widersprechende, also den Kontrast zwischen Ideal und gemeiner Wirklichkeit dar: Verkehrtheiten, Thorheiten, Schwächen der Menschen — aber nur, um durch die hervorgerufene aesthetische Abneigung gegen dieselben die Neigung und Achtung für das Ideal zu erregen. Sie kann ernste oder launige Haltung haben, ernste oder scherzhafte („lachende") Satire sein.

Satirisch ist der Dichter, wenn er die Entfernung von der Natur und den Widerspruch der Wirklichkeit mit dem Ideale zu seinem Gegenstande macht. Dies kann er aber sowohl ernsthaft und mit Affect, als scherzhaft und mit Heiterkeit ausführen, je nachdem er entweder im Gebiete des Willens oder im Gebiete des Verstandes verweilt. Jenes geschieht durch die strafende oder pathetische, dieses durch die scherzhafte Satire. Streng genommen verträgt zwar der Zweck des Dichters weder den Ton der Strafe noch den der Belustigung; jener ist zu ernst für das Spiel, was die Poesie immer sein soll; dieser ist zu frivol für den Ernst, der allem poetischen Spiel zu Grunde liegen soll.... Die strafende Satire erlangt aber poetische Freiheit, indem sie in's Erhabene übergeht; die lachende Satire erhält poetischen Gehalt, indem sie ihren Gegenstand mit Schönheit behandelt. Schiller.

Gerne bedient sich namentlich die scherzhafte Satire der Ironie (Verstellung); denn indem sie die irrige Auffassung einer Erscheinung bis zur äußersten Konsequenz scheinbar behauptet, ruft sie dem Widerspruch des Hörers, in welchem alsdann die von ihr gewollte Wahrheit nur um so nachdrücklicher sich geltend macht.

Mit feinlächelndem Mund eingehend auf deine Verkehrtheit
Zeigt der Ironiker dir schlagend, wie sehr du geirrt.
Gründlich beweist er der Welt, schön sei dein häßliches Antlitz;
Aber indem er es thut, hält er den Spiegel dir vor.
(Geibel.)

Spezielle Formen dieser scherzhaften Satire sind die Parodie und die Travestie, Anklänge an bestimmte Dichtungen; und das Pasquill.

Die Parodie (der „Nebengesang"); im weiteren Sinne: eine Dichtung, an eine andere erinnernd durch verwandte Behandlung. Vgl. Bretschneiders „Sehnsucht": Siehst du das Licht — und Göthes „Mignon": Kennst du das Land) ist eine Satire auf Ueberschwenglichkeit der Sprache, Vorherrschen der Redefiguren, einseitiges Rede-Pathos: auf alle Uebersättigung des Stiles mit formellem, rednerischem und poetischem Schmuck. Sie verfährt ironisch, indem sie jene Fehler dadurch nachdrücklich als solche empfinden läßt, daß sie in eben dieselbe Form einen andern Inhalt verlegt, der durch seine Kleinheit und Bedeutungslosigkeit grell gegen die Form absticht, der sich also nicht organisch mit ihr verbindet und sie so für sich, d. h. eben in ihrer

Blöße bestehen läßt. (Sie behandelt in der Form des fremden Gedichtes einen neuen Gegenstand.) Vgl. Drei Parodieen auf Schillers Lied von der Glocke, von dem Pseudonymen Jocosus Parodista. Elegie und Phantasie in „Musenklänge aus Deutschlands Leierkasten".

Die Travestie („Umkleidung") ist eine Satire auf Ueberschwang, Krankhaftigkeit des Gefühlslebens, falsche Idealität; sie läßt diese dadurch als solche erkennen, daß sie dieselben in eine kontrastirende triviale Form kleidet, an welcher sie von selbst zu Grunde gehn müssen. (Sie behandelt den Gegenstand des fremden Gedichtes in neuer Form.) Vgl. Göthes „Musen und Grazien in der Mark"; Almanach von Parodieen und Travestieen von Solbrig 1814, von Röller 1817, und komisches Epos oben S. 57.

Satirendichter: Liscov, Rabener, Lichtenberg, Wieland, Göthe, Jean Paul, W. v. Schlegel, Tieck, Immermann, Platen, Hauff, Uhland, Kerner, Börne, Heine, Gutzkow, Goltz.

Das Pasquill ist die auf eine bestimmte Persönlichkeit gerichtete Satire; von der Bedeutung jener hängt jeweilen auch Bedeutung und Werth der Pasquille ab.

Die poetische Epistel.

Die poetische Epistel repräsentirt — wie es schon in ihrem Namen liegt — in den individuellen Beziehungen eines Briefes symbolisch, im Gewande schlichter Natürlichkeit, allgemein menschliche Interessen.

Dichter: Gleim, Pfeffel, Wieland, Göcking, Gotter, Göthe, Seume, Schlegel, Rückert, Geibel.

Das Epigramm.

Das Epigramm (Auf- oder In-Schrift) greift eine einzelne Erscheinung des Lebens oder der Natur heraus, um sie gleichsam als Monument zu behandeln und ihren tieferen Sinn in gedrängtem und prägnantem Ausdruck zu deuten; wie es z. B. speziell als Grabschrift die Summe eines ganzen Lebens zieht, so erschöpft es überhaupt in Kürze die Seele seines Gegenstandes. Es kann ernsthaften und witzig-satirischen Charakter ("Stachelreime", mit sog. Pointe) haben. Vgl. Göthes und Schillers Xenien (Gastgeschenke, nach Martial).

Die Kürze ist des Epigrammes Eigenschaft, und die Spitzfindigkeit gleichsam seine Seele. Opitz 1624.

Es wird die Ueberschrift von Allen hoch geacht,
In der der Leib in Kürz', die Seel in Witz bestehet;
Die einen Stachel hat, der nicht zu tiefe gehet
Und einen Abriß nur von einer Wunde macht;
Der Thränen aus dem Aug' durch nichts als Lachen preßt
Und durch behende Griff' zur Ader kitzelnd läßt.
Wernicke, geb. 1660.

Bald ist das Epigramm ein Pfeil, trifft mit der Spitze,
Ist bald ein Schwert, trifft mit der Schärfe,
Ist manchmal auch — die Griechen liebten's so —
Ein klein Gemäld, ein Strahl, gesandt
Zum Brennen nicht, nur zum Erleuchten. Klopstock.

Das Epigramm ist ein Gedicht, worin nach Art der eigentlichen Aufschrift unsere Aufmerksamkeit auf irgend einen einzelnen Gegenstand erregt und mehr oder weniger hingehalten wird, um sie mit Eins zu befriedigen. Lessing.

Viele Verse verschmäht die epigrammatische Muse:
Läufern im Stadium ziemt nie der gekrümmete Lauf.
Herder.

Blos Aufschriften ja sind Epigramme; die Treue der Wahrheit
Aber verleiht oftmals kleinen Gesängen Gehalt. Platen.

"Seid doch nicht so frech, Epigramme!" Warum nicht? Wir sind nur
Ueberschriften, die Welt hat die Kapitel des Buchs. Göthe.

Soll's Xenien sein, wohlan, vergesset nur Eins nicht:
Widmet den Gästen den Witz, nicht dem Witze den Gast.
(Hebel.)

Epigrammendichter: Logau, Wernicke, Kästner, Hagedorn, Kuh, Göcking, Klopstock, Lessing, Herder, Göthe, Schiller, Voß, Schlegel, Haug, W. Müller, Uhland, Platen, Rückert.

Volksepigramme: Schweizerische Haussprüche, gesammelt von O. Sutermeister 1860. Inschriften und Legenden Halberstädter Bauten, von K. Scheffer 1864. Deutsche Inschriften an Haus und Geräth, Berlin 1865. Hausinschriften aus dem Herzogthum Altenburg, von E. Löbe. 1867.

Die Gnome.

Die Gnome (Urtheil, Sentenz, Sinnspruch, Reimspruch, Spruchrede, Vierzeile), ein allgemein, absolut ausgesprochener Satz der Weisheit und Erfahrung, ist öfter Bestandtheil einer größern Dichtung, ein zur Klassiker-Sentenz, zur „schönen Stelle" oder zum „geflügelten Wort", d. h. zum literarischen Sprichwort gewordener poetischer Ausspruch, der auf dem Gebiete der Kunstpoesie völlig dieselbe Bedeutung hat wie in der Volkssprache das poetische Sprichwort, diese „Gnome der Volkspoesie". Eine Reihe von Gnomen, die Summe der Lebensweisheit einer Nation oder eines Einzelnen enthaltend, wird zum **Spruchgedicht**.

Was ist ein Spruch? Ein Blitz, der schnell den Pfad erleuchtet,
Oft auch ein Tröpfchen Thau, der Knospen zart befeuchtet.
(Nänny.)

Aeltere Spruchdichtungen: Freidank's Bescheidenheit, um 1229. Thomasin von Zercläre, der wälsche Gast, um 1216. Angelus Silesius, der cherubinische Wandersmann 1677. Neuere: Gleim, Halladat. Schefer, Laienbrevier. Rückert, die Weisheit des Brahmanen. Vgl. auch: Geflügelte Worte, Sammlung von Büchmann.

C. Dramatik.

Wesen.

Die Dramatik faßt das objective Element der Epik und das subjective der Lyrik zu einer höhern Einheit zusammen — wie sie sich auch chronologisch auf dem Gipfel aller Dichtung, erst in einer Zeit künstlerischen Bewußtseins, ausbildet, als die vollkommenste Erfüllung des Begriffes der Kunst, die reifste und daher späteste Frucht ihres Wachsthums, als die „Poesie der Poesie".

Episch dichtet das Volk im Unschuldstande; das Drama
Wächst als Frucht der Kultur, die mit sich selbst sich entzweit
Und sich zu sühnen versucht, indem sie den irdischen Zwiespalt
Als die vergängliche Form ew'ger Gedanken enthüllt. (Geibel.)

Die Keime der dramatischen Dichtung, des Dramas, liegen also zwar schon in den Dichtungsarten, welche epische und lyrische Bestandtheile neben einander enthalten (s. Ballade und Romanze). Allein das Drama ist nicht mehr eine bloße Zusammensetzung oder Aneinanderreihung, sondern eine völlige Verschmelzung von Epischem und Lyrischem; es enthält eigentlich nicht sowohl Episches und Lyrisches, als vielmehr Lyrisch=Episches und Episch=Lyrisches. Es ist nämlich 1. zwar episch, denn es stellt objectiv eine Reihe von Thaten mit einer entscheidenden That im Mittelpunkt dar; aber es erzählt nicht von der That, es stellt sie nicht als vergangene, sondern als gegenwärtig in der Form des Gespräches werdende That, als Handlung dar (Drama = a. Handlung, b. Vorstellung einer Handlung auf der Bühne, c. Dichtung der Handlung); und es stellt sie so dar, wie sie aus der Innerlichkeit menschlicher Individuen oder Charaktere hervorgeht: es ist also lyrisch=episch. Es ist 2. zwar lyrisch, denn es stellt subjectiv die Innerlichkeit menschlichen Gemüthes dar; aber es stellt sie nicht als die einheitliche des Dichters dar, sondern als diejenige fremder verschiedener Individuen; und es stellt sie so dar, daß wir sehen, wie sie sich zu Thaten erschließt und in die Außenwelt bestimmend eingreift: es ist also episch=lyrisch.

In dieser Verschmelzung von Epik und Lyrik vollzieht sich aber zugleich auch eine Steigerung der epischen Objectivität und der lyrischen Subjectivität. Schon in der direkten Vorführung der That durch die Handlung selbst liegt nämlich mehr Objectivität als in der Erzählung von der That; und der Dichter verfährt ferner objectiv nicht blos im epischen Theile seines Werkes, sondern sogar im Lyrischen; denn jenes Innere, welches sich ausspricht, ist nicht sein eigenes unmittelbares, sondern dasjenige der von ihm eingeführten Personen. Und hinwieder spricht er durch eben diese Personen eine Manigfaltigkeit, eine Welt von Subjectivitäten aus.

Form.

Die Einheit, welche jedes Kunstwerk verlangt, ist im Drama, seinem Wesen entsprechend, **Einheit der Handlung**. Das Drama hat zwar auch Nebenhandlungen, aber nicht im Sinne epischer Episoden, sondern alle Nebenhandlungen sollen sich fest zusammenschließen, um die Haupthandlung in den Vordergrund zu stellen. Und in dieser erscheint ein Charakter als Hauptperson oder Held. Hauptperson ist aber, wer die vollste Kraft an die Durchführung des Zweckes setzt, um den sich die Handlung dreht.

Vor Lessing galt auch der deutschen Dramatik die von den französischen Kunstrichtern aus Aristoteles unrichtig abgeleitete Regel von den **drei Einheiten** der Handlung, der Zeit, und des Ortes. Aristoteles verlangt nur die Einheit der Handlung; in Beziehung auf die Einheit der Zeit stellt er keine Regel auf, sondern sagt nur, daß sich die Handlung wo möglich auf die Dauer eines Tages einzuschränken pflege; von der Einheit des Ortes handelt er nicht. Die Einheit der Zeit und des Ortes wird nun in der deutschen Dramatik lediglich auf die Fernhaltung von Widersprüchen in Zeiträumen und Nationen (Anachronismen) zurückgeführt.

Der dramatische Dichter bedenke in seinem Ringen nach Ort- und Zeiteinheit, daß Zeit und Ort blos vom Geiste, nicht vom Auge — das im äußeren Schauspiele nur die Abschattung des innern erblickt — gemessen werden; und er darf, hat er nur einmal Interesse und Erwartung für eine Ferne von Zeit und Ort hoch genug entzündet, und diese durch Ursachverkettung mit dem Nächsten gewaltsam herangezogen, die weitesten Sprünge über die Gegenwart wagen; denn geflügelt springt man leicht. Jean Paul. Die Poesie überhaupt, am entschiedensten aber das Drama idealisirt die Zeit, indem die Strecken derselben, worin nichts an sich Bedeutendes geschieht, für sie gar nicht vorhanden sind. Die Idealisirung der Zeit ist, wie Alles Schöne, eine Zusammenziehung; und derselbe Begriff gilt auch von der Behandlung des Raumes. Vischer.

In der **Gliederung der Handlung** unterscheiden sich zunächst Anfang, Mitte und Schluß als Knüpfung, Verwickelung und Lösung des Knotens oder als Expofition, b. h. Darlegung der Situation, der sachlichen und persönlichen Verhältnisse, in welchen die Handlung wurzelt; als **Kollision oder Konflikt**, b. h. Verwickelung und zunehmende Spannung, die durch den Widerstreit der verschiedenen Interessen und Charaktere entsteht, und als **Peripetie** (Umschlag) nebst **Katastrophe** (Wendepunkt), b. h. Abwickelung der eng verschlungenen Fäden der Handlung. Diese drei Haupttheile der Handlung erfüllen sodann in der äußern Form mehrere größere Abschnitte: die **Akte oder Aufzüge** (so genannt als Hauptmomente der Handlung und mit Rücksicht auf die Bühne und das Fallen des Vorhanges), die selbst wieder in **Szenen oder Auftritte** (so genannt nach der Veränderung des Schauplatzes und dem Auf- und Abtreten der Personen) zerfallen. Die Exposition nimmt den ersten Akt ein, die Katastrophe den letzten; und da der Kollision als der Mitte der Handlung sachgemäß der größte Umfang zukommt, so verbreitet sich dieselbe, nach dem in der Kunst so oft begegnenden Gesetze der Dreitheilung, in der Regel über drei Akte, so daß Fünf die Normalzahl der Akte eines umfassenden Dramas geworden ist.

Die **Sprache** des Dramas empfängt von dem Wesen desselben einen durchaus eigenthümlich ausgeprägten Charakter. Da die Handlung in der Form des **Gesprächs** dargestellt und entwickelt wird, so ist zunächst das Gespräch selbst eine That: es bewegt und bestimmt die Personen in Hinsicht auf ihren Charakter und ihre Handlungsweise; und sodann **motivirt** es jede äußere Aktion im Drama; als der eigentliche Träger der Handlung wird es von äußerer Aktion nur begleitet.

Durch die Rede äußert sich der Sinn des Menschen, durch die Rede wirken die Persönlichkeiten auf einander ein, und unser Leben ist nicht Erzählung noch Gesang, sondern Wort und That, so daß das volle Lebensbild nur durch handelnde und redende Charaktere gegeben wird. Carriere.

Darnach gestaltet sich, gegenüber der Sprache des Epos als derjenigen der vergangenen That, der Ruhe und Beschaulichkeit, die Sprache des Dramas als diejenige der werdenden That, der

Gegenwart und Zukunft, der lyrischen Beweglichkeit und Erregtheit — jedoch ohne die reinlyrische Innerlichkeit der bloßen Empfindung, sondern „mit der Kraft des Willens und dem Hauch der That". Der dramatische Stil entnimmt sein Grundgesetz aus dem Momente des Fortgangs vom Charakter zur Handlung, er ist wesentlich vorwärts drängend, spannend und durchschlagend.

Während du liebst in der epischen Kunst die homerische
Breite,
Liebst du sie denn deshalb auch in der tragischen Kunst?
(Platen.)

Darnach bestimmen sich die einzelnen Elemente der Darstellung: das in engerem Sinn Epische der Erzählung nimmt höhere Bewegtheit an; das Lyrische im Monologe darf sich nicht in die Innerlichkeit der bloßen Empfindung oder des Denkens vertiefen, sondern muß durch Affekt auf die Handlung lebendig überleiten; der Dialog darf nicht im bloßen Austausch von Gründen oder Gefühlen, sondern muß wechselseitig wirksam sein, etwas in der Sachlage verändern. Es ergibt sich namentlich von selbst die Stichomythie, jene geflügelte Wechselrede, die in kurzen Sätzen Behauptung und Einwendung herüber und hinüber wirft. Das Feuer der Bewegung ergreift auch die einzelnen poetischen Mittel, namentlich die Tropen. Die entsprechende rhythmische Form ist der steigende, strebende Jambus.

Eintheilung.

Der Hauptunterschied der dramatischen Dichtungsarten gründet sich auf die ernste und die heitere Auffassung des Lebens, auf Tragik und Komik. Das Produkt der ersteren ist die Tragödie, dasjenige der letzteren die Komödie. Ihr Gegensatz bedingt Verschiedenheit in der Wahl des Stoffes, in der Entwicklung der Handlung und in der Zeichnung der Charaktere.

1. Die Tragödie.

Wesen.

Die Tragödie (griechisch = Bocksopfergesang, ursprünglich ein Gesang der Bachusfeier, wobei dem Gott ein Bocksopfer gebracht oder dem besten Sänger ein Bock als Preis ertheilt ward) ist, nach Aristoteles, „die Nachahmung einer ernsten und bedeutenden Handlung, welche in dem Zuschauer die Empfindungen des Mitleids und der Furcht erregt, aber zugleich auch eine Reinigung und Läuterung dieser Affekte bewirkt".

Den Inhalt der Tragödie bildet nämlich ein Kampf der sittlichen Freiheit mit der sittlichen Nothwendigkeit, der Persönlichkeit mit dem Gesetz; bestimmter: der Kampf einer großartigen, um die höchsten Interessen des Lebens ringenden Menschennatur, welche zwar niemals die Energie ihres Charakters, den idealen Kern ihres Strebens verliert, der ihr unsere Theilnahme bewahrt, jedoch in leidenschaftlicher Verblendung die ihr gegenübertretende Macht des Gesetzes, des Schicksales, der Vorsehung zu vernichten sucht, dadurch dem Irrthum und der Schuld verfällt und darüber äußerlich erliegt (nicht nothwendig auch äußerlich **untergeht**).

Der Leidenschaft und Maßlosigkeit des tragischen Helden gegenüber erscheint das Schicksal als die Macht des Maßes, als die sittliche Nothwendigkeit, sittliche Weltordnung. Wo aber der Mensch der sittlichen Weltordnung widerspricht, da fällt er im Grunde auch von seinem eigenen Wesen ab, da bereitet er sich durch seine Thaten den Untergang und das Leiden, wodurch er zur **Selbsterkenntniß kommen soll**; und so ist ihm das Schicksal nur scheinbar eine fremde, feindliche Macht, in der That aber eine durch Leiden errungene Offenbarung der eigenen ewigen Wesenheit. („In deiner Brust sind deines Schicksals Sterne." Schiller.)

Und wie der Held selbst in seinem Schicksale die Versöhnung mit demselben findet, so läutert sich auch unsere Theilnahme:

„Wir sind erschüttert durch das Loos des Helden, aber versöhnt in der Sache." (Hegel); wir sind im Stande, eigenes Unglück und Leiden richtiger zu würdigen, und zu würdigen, was der Klage werth und was ihrer im Leben unwerth ist; Furcht und Mitleid, d. h. die Sorge für uns und für Andere, werden auf das allein richtige sittliche Maß beschränkt und hingeleitet; denn unser Mitleid für den Helden ist nun schließlich zu einer Trauer über Schuld und Hinfälligkeit selbst der tüchtigsten Menschennatur, der Menschennatur, „welche irrt so lange sie strebt" — und unsre Furcht vor einzelnen Uebeln zu einer Furcht vor der Macht der verletzten Sittlichkeit, oder zur Ehrfurcht vor der göttlichen Gerechtigkeit geworden.

Es ist die Einsicht in die nothwendige Verkettung von Ursache und Wirkung im Verlaufe der tragischen Handlung, die Erkenntniß der Schuld im Leiden und Unglück des tragischen Helden, und die aus beiden zusammen in uns hervorgerufene tröstliche Ueberzeugung von der ewigen Vernünftigkeit und Gerechtigkeit, wodurch die Tragödie, trotzdem, daß ihr Inhalt furchtbar und jammervoll ist, dennoch in der Seele des Zuhörers schließlich eine eigenthümliche Lustempfindung, ein Gefühl der Befriedigung hervorbringt. Dies ist die Reinigung und Läuterung, jene Katharsis, welche nach Aristoteles die schmerzvollen Empfindungen des Mitleids und der Furcht empfangen. (Stahr.)

Arten.

Mit Rücksicht auf die geschichtliche Entwickelung des Dramas unterscheidet man die **antike** und die **moderne**, mit Rücksicht auf die Verschiedenheit des Stoffes die **philosophische** oder **Gedanken-Tragödie** (mit vorwiegend innerlichem Leben), die **heroische**, die **historische** und die **bürgerliche Tragödie**.

Alle dramatische Dichtung hat ihre Wurzel in dem religiösen Kultus der Völker.

In der **antiken Tragödie**, hervorgegangen aus den von mimischer Darstellung begleiteten Chorgesängen bei den Dionysien oder Bachusfesten, beschränkte sich der Stoff ausschließlich auf das Gebiet der mythischen Heldensage. Das Schicksal ist hier (in der griechischen und nachmals in der römischen Tragik) noch die Moera oder das Fatum, eine dunkle Macht, welcher Götter und Menschen unwiderstehlich verfallen sind, welche deshalb auch den Begriff der freien Schuld und des verdienten Leidens nicht zuläßt und damit das Gefühl der Versöhnung mit dem tragischen Ausgange trübt. Der Chor, welcher die geringe Anzahl der Personen ergänzt, hält nicht blos das ursprüngliche Band der Poesie mit der Tanzkunst fest, sondern ist vor Allem der „idealisirte Zuschauer", der in seiner betrachtenden Haltung der Bühne wie dem Publikum gegenüber das allgemeine sittliche Bewußtsein repräsentirt. Er greift nicht thatsächlich in die Handlung ein, er übt kein Recht thätig gegen die Kämpfenden aus, sondern spricht nur theoretisch sein Urtheil, warnt, bemitleidet oder ruft das göttliche Recht und die inneren Mächte an, welche die Phantasie sich äußerlich als den Kreis der waltenden Götter vorstellt.

Antike Tragödiendichter: Thespis, im 6. Jahrhundert v. Chr.; Aeschylos, um 480; Sophokles, 495; Euripides, 480; Livius Andronicus, um 220 v. Chr.; Ennius, Pacuvius, Attius, Seneca.

Die moderne Tragödie, hervorgegangen aus den mittelalterlichen Mysterien (eig. Misterien, von Ministerium = geistl. Handlung) oder geistlichen Spielen, schöpfte ihre Stoffe ursprünglich aus den Traditionen der christlichen Kirche über Leben, Leiden und Sterben des Heilandes (Passionsspiele). Da auch in der Folge die christliche Weltanschauung in der ausgebildeten Tragödie sich behauptete, so trat an die Stelle jenes antiken Schicksales die sittliche Weltordnung, wonach sich die ganze Auffassung und das Wesen der Tragödie und des Tragischen so umgestaltete, wie es oben auseinandergesetzt wurde.

Moderne Tragödiendichter: (in Spanien Calderón; in England Shakespeare; in Frankreich Racine); in Deutschland: Lessing, Leisewitz, Schiller, Göthe, Klinger, H. v. Kleist, Fouqué, Grillparzer, Körner, Immermann, Uhland, Eichendorff, Halm, Hebbel, Gutzkow, Geibel, Dingelstedt, Prutz, Freytag, Laube, Heyse, Eckardt, Fischer.

2. Die Komödie.

Die Komödie (griechisch = Gesang zu dem bei der Bachusfeier üblichen Festgelag und öffentlichen fröhlichen Umzug) ist, im Gegensatze zu der Tragödie, eine dramatische Darstellung des Lebens von seiner heitern Seite; sie ist aber zugleich auch, nach

Schiller, „einerlei mit dem Höchsten, wonach der Mensch zu streben hat: frei von Leidenschaften zu sein und mehr über die Ungereimtheiten zu lachen, als über Bosheit zu zürnen und zu weinen". Sie hat demnach bei verschiedenen Mitteln und Wegen im Grunde dasselbe Ziel wie die Tragödie. Wenn in der Tragödie die göttliche Weltordnung, mit welcher sich der menschliche Wille im großen, tragischen Konflikte befindet, sich in ihrer siegreichen Gewalt geltend macht, so triumphirt in der Komödie die Vernunft am Ende über alle Widersprüche, Mißverständnisse und Irrungen, die aus der Beschränktheit der Individualitäten sich ergeben.

Widersprüche und Verkehrtheiten in unwichtigeren Dingen (— „nur das unschädlich Verkehrte wirkt komisch" — Aristoteles) bilden also die Elemente in der Handlung der Komödie. Die Quelle des Vergnügens liegt hier wie bei allem Komischen in der raschen Auflösung der durch kleinliche Beschränkung der Wirklichkeit erzeugten Spannung oder Trübung des Geistes, in dem blitzschnellen Besinnen und dem Wohlgefühle der eigenen Geistesgesundheit. Von einem freien, überlegenen Standpunkte aus — sagt Saupe — läßt uns die Komödie auf die Widersprüche und Unvollkommenheiten des Lebens, auf die Irrungen und Sonderbarkeiten der Menschen herabsehen und führt die gefahrlosen, schuldfreien Konflikte harmloser Schwäche, einseitiger Befangenheit und linkischer Thorheit mit der herrschenden Bildung und Gesittung oder mit dem Wesen des Schönen überhaupt einer wohlthuenden und erheiternden Lösung zu. Die handelnden Personen erscheinen mehr von der sinnlichen als von der sittlichen Seite ihrer Natur abhängig. Die Helden der Komödie sind demnach die Eingebildeten und die Eiteln, die Furchtsamen und die Feigen, die Dummen und die Faulen, die Schwätzer und die Vielwisser, die Hypochonder und die Sonderlinge, die Schwärmer und die Heuchler, die Charlatane und die Emporkömmlinge, die Philister und die Pedanten.

Wie das Komische an sich seinem innersten Wesen nach in die Stoffwelt des sozialen und Privat=Lebens mit seiner ausgebildeten und in der Spezialität der Motive vom Auge der

Bildung belauschten Subjectivität hineinführt, so ist also auch die **Sphäre der Handlung** in der Komödie das gesellige und Familien-Leben; und an die Stelle des tragischen Schicksales tritt hier das Spiel des Zufalles und der List. Das komische Unglück darf nichts Anderes sein als eine am Ende zu lösende Verlegenheit; es muß als eine lächerliche Noth ohne ernstliche Folgen erscheinen.

Arten.

Fällt das Komische vorwiegend auf die Seite der Charaktere, so heißt die Komödie **Charakter-Lustspiel**; fällt es mehr auf die Seite der neckischen Kreuzung von Zufall und Berechnung, so heißt sie **Intriguen-Lustspiel**. Die **Posse** entwickelt mit schlagender Kürze eine komische Situation und steht sonach in einem ähnlichen Verhältniß zu der Komödie wie die Novelle zu dem Roman.

Komödiendichter: Lessing, Göthe, Schröder, Iffland, Kotzebue, Körner, Tieck, Brentano, Eichendorff, H. v. Kleist, Benzel-Sternau, Deinhardstein, Raupach, Grabbe, Holtei, Platen, Immermann, Bauernfeld, Gutzkow, Kühne, Laube, Benedix, Schücking, Castelli, Nestroy, Putlitz, Freytag, Hackländer, Charlotte Birchpfeiffer.

Schlußbemerkung.

Das **Drama** oder **Schauspiel im engeren Sinne** (historisches, bürgerliches, Familien-Drama) ist eine Mischung von Komödie und Tragödie; es wird bald zu der ersteren gerechnet als „Komödie mit ernstem Mittelpunkt"; bald zu der letzteren als „Tragödie mit glücklichem Ausgang".

Herrscht in der Tragödie die Nothwendigkeit, in der Komödie die Willkür und der Zufall, so ist das Drama im engeren Sinn die Dichtung der Freiheit. Hier erhebt sich die Individualität zu jener Selbstmacht des ganzen Geistes, in welcher der Mensch auch mit dem Bewußtsein, daß er anders handeln könne, seine Zwecke verfolgt, in welcher er seine Subjectivität durch eigene Wahl mit den objectiven Gesetzen der Weltordnung in Einklang zu bringen versteht.

Die Oper (die große oder ernste, und die komische oder scherzhafte Oper mit ihren kleineren Unterarten Operette, Singspiel, Melodrama) als das zur Bühnendarstellung bestimmte musikalische Drama vereinigt in sich mit dem sämmtlichen Inhalt der Tonkunst wesentlich die äußeren Seiten der dramatischen Kunst: Darstellung, Aktion, Mimik; während in der Kantate (mit Recitativ, Arie, Duett u. s. f.) und in deren Erweiterung zu dem musikalisch-kirchlichen Drama oder dem Oratorium bei vorherrschend musikalischem und lyrischem Charakter von dem Drama nur innere Handlung übrig bleibt.

Anhang.

Motive und Materialien
zu metrischen Uebungen und poetischen Versuchen.

Zur Beherzigung voraus.

Metrische Arbeiten sind für die schon reifere Schuljugend in einem ähnlichen Maße wie allgemeine Prosaaufsätze etwas durchaus Unerläßliches. Denn sie lehren nicht blos durch persönliche Uebung ein persönliches inneres Verständniß der Dichterwerke und gewähren zuerst einen eigenen Einblick in die Gattungen und Kunstformen unserer nationalen Literatur; sondern sie erst besonders zeigen den Weg, auf dem man persönlich zu einer Prosa gelangt, die frei ist von den Verstößen gegen die Grundgesetze des sprachlichen Ebenmaßes, gegen die Architektonik des Gedankens und Stils.....

Die Meinung, man vermöge oder man suche mittelst metrischer Schulexercitien Dichter und Dichterlinge hervorzubringen, ist deshalb eine triviale, weil sie die Poesie und deren Technik vom Grunde aus verkennt. Hier gilt einmal der Satz ganz: Ars non habet osorem, nisi ignorantem..... Das Dichten, das aus innerer Freiheit hervortritt, kann äußerlich überhaupt gar nicht angeregt werden, oder nur fälschlich. Alles was mit metrischen Arbeiten erzielt werden soll und kann, betrifft nur die klare Erkenntniß der Form, die der Dichter nicht minder als der Nichtdichter erlernen muß..... Wir möchten den Gegner sehn, der die Tollkühnheit hätte, uns und der Schule dieses Ziel oder das Streben darnach abschneiden zu wollen! Daher ist es am Platze, hier an solche Männer zu erinnern, welche nicht Dichter waren, sondern Bildungsmenschen, und gerade deshalb Verse machten und Verse studirten: Leibnitz, Schelling, Varnhagen von Ense, der Grammatiker Jak. Grimm, der Chemiker Leop. Gmelin, Wilh. v. Humboldt.   (E. L. Rochholz.)

>Wer soll Meister sein?
>Wer was ersann.
>Wer soll Geselle sein?
>Wer was kann.
>Wer soll Lehrling sein?
>Jedermann. (Joh. Agricola gest. 1566.)

>Willst du dichten — sammle dich,
>Sammle dich wie zum Gebete,
>Daß dein Geist andächtiglich
>Vor das Bild der Schönheit trete;
>Daß du seine Züge klar,
>Seine Fülle tief erschaueft
>Und es dann getreu und wahr
>Wie in reinen Marmor hauest. (A. Stöber.)

>Das nicht heißt ein Gedicht, wenn irgend ein guter Gedanke,
>Irgend ein glücklicher Vers zwischen erbärmlichen steht:
>Jegliche Silbe verrathe den Dichter, wofern er es ganz ist;
>Was er gedacht, schein' uns niedergeschrieben in Erz.
>(Platen.)

1.
Korrektur metrisch korrumpirter Gedichte.

Beispiele:

a. Reine Jamben. (Nach W. Wackernagel: Geduld bringt Rosen.)

Geduld ist ein rauher Strauch,
Voll Dornen an allen Enden,
Und wer sich ihm naht, der merkt's auch
An den Füßen und Händen.

Und doch sage ich: Laß dich die Müh
Nimmermehr verdrießen,
Sei's mit Thränen, spät und früh
Treulich ihn zu begießen.

Urplötzlich über Nacht
Wird er dir die Mühen belohnen,
Wenn über den Dornen allen lacht
Ein Strauß voller Rosenkronen.

b. Jambisch-anapästische Verse. (Nach Annette Droste-Hülshoff: Am Thurme.)

Ich stehe auf dem hohen Balkone an dem Thurm,
Umstrichen von dem schreienden Staare,
Und lasse einer Mänade gleich den Sturm
Mir wühlen in dem flatternden Haare.

O wilder Geselle, o toller Fant,
Ich möcht' dich kräftig umschlingen
Und Sehne an Sehne, zwei Schritte von dem Rand
Dann auf Leben und Tod ringen.

Und drüben am Strand sehe ich so frisch
Wie spielende Doggen die Wellen
Sich rings tummeln mit Geklaff und mit Gezisch
Und glänzende Flocken schnellen.

O hinein möcht' ich springen alsbald
Recht in die tobende Meute
Und jagen durch den korallnen Wald
Das Walroß, die lustige Beute!

Und drüben sehe ich ein Wimpel wehen,
So keck wie eine Standarte,
Seh' den Kiel sich auf und nieder drehn
Von meiner luftigen Warte.

O ich möcht' sitzen im kämpfenden Schiff,
Das Steuerruder ergreifen
Und zischend über das brandende Riff
Wie eine Seemöve streifen!

Wär' ich nur ein Jäger auf freier Flur,
Nur ein Stück von einem Soldaten,
Wär' ich doch mindestens ein Mann nur,
So würde mir der Himmel rathen.

Nun muß ich so fein sitzen und klar
Gleich einem artigen Kinde
Und darf heimlich nur lösen mein Haar
Und es lassen flattern im Winde!

c. Distichen. (Nach Platen.)

Schön ist es, Großes thun und Unsterbliches, fühl's, o Jüngling,
Mühevoll rinn' von der Stirn früh der männliche Schweiß.
Aber niemals vergiß, daß Trägheit stets, die geschwätz'ge,
Ohne Verdienst, werthlos, große Verdienste beschmutzt.

d. Sonett. (Nach Geibel: Auferstehung.)

Starb Einer, den du hienieden geliebt,
Trage dein Weh hinaus zur Einsamkeit,
Damit es sich mit dir ernst und still ergehe,
Im Wald, an dem Meer, auf gemiedenem Steige.

Da fühlst du bald, daß der Geschiedene
Dir lebendig auferstehe im Herzen,
Du spürst seine Nähe im Licht und im Schatten,
Und es blüht aus den Thränen ein tiefer Friede.

Ja es muß dich schöner der Todte begleiten,
Den lichten Schein der Schmerzverklärung um das Haupt,
Und treuer, weil du ihn alle Zeiten hast.

Auch das Herz hat sein Ostern, wo der Stein
Von dem Grabe springt, dem wir nur den Staub weihten;
Und ewig ist dein, was du ewig liebst.

2.

Gedichte, welche in ungebundene Sprache aufgelöst wurden, sind wieder metrisch herzustellen.

a. In Alkäischen Strophen mit Beibehaltung des ganzen Wortlautes. (Die Kirchhoflinde von O. S.)

Die beglückte Zeit der Auferstehung naht uns mit Blumen und lieblichem Vogelsang. Auch du, Linde des stillen Kirchhofs, schmücke dich wieder mit saftigem Grün!

Umranke das moosige Kirchenbach neu, verhülle auch den kleinen Thurm mehr und mehr; denn alles gebrechliche Werk der Menschen überragst du doch weit.

Du blickst so tief in's Land von deinem Hügel; an dir allein erkennt der Wanderer sein Ziel, wenn es ihm ein Meer von goldenen Halmen verbirgt, oder im Thal der Baum.

Wenn in der Schwüle des Sommers die Schnitterin und drüben auf der Wiese der Heuer lechzt, dann blicken sie verlangend nach dir, seufzend, daß die Kühle nur ferne winkt.

Doch wenn der eisige Sturm des Winters des stillen Feldwegs Spur gänzlich verweht, dann bleibst du Führerin durch öde Fluren hin zu des Dorfes gastlichem Herd.

Die dorten in den Hütten ihr täglich Werk verrichten, im Garten, in Gasse und Hof, und die sich in lang vergangnen Zeiten deiner freuten, sie alle kennst du.

Denn wer bir vorbeiwandelt, den läßt du ein; du bewahrst ihn vor Regenschauer wie vor dem Strahl der Sonne, und Jeder besucht dich in der heimlichen Stille des Abends.

Sie kommen zu dir, noch rosige Kinder, zu Spiel und Tanz; sie kommen träumend in des Lebens süßem Mai; und sie kommen, alternd, der lieblichen Ruh genießend.

Und die nun nicht mehr kommen, dort unter dem Rasen suchst du sie mit tausend Wurzeln auf, durchdringst den Erdenstaub und hebst ihn zur Sonne empor, herrlich geläutert.

Drum rauscht es oft aus Blatt und Zweig und Blüthe; den frommen Enkeln flüstern bewegten Gruß die einst, wie sie, in deinem Schatten spielten, träumten und friedlich ruhten.

O nimm, geliebter Baum, noch lange in deinen Frieden auf wer dir immer nahen wird, bis einst dein alternder Stamm selber auf die Gräber deines Kirchhofs gesunken!

b. Mit strenger Beibehaltung der Wortformen und mit Verwendung der markirten Reimwörter: Alexandriner mit gepaarten Reimen. (Nach Rückert.)

Im Feld der Gegenwart stehn, jede mit besondrer Waffenart gewaffnet, zwei Kampfparteien.

Wie heißen die Partein, und worum ist ihr Streit? Sie heißen die Zukunft und die Vergangenheit.

Die kämpfet für's Bestehn, und für das Werden jene; wer prophezeit, wie es auf Erden mit ihnen wird?

Der Ausgang ist in ihrem Namen prophezeit: Vor der Zukunft hält die Vergangenheit nie Stand.

c. Mit freier Abänderung des Ausdruckes und freier Wahl der Reimwörter: Alexandriner mit gepaarten Reimen. (Nach Rückert.)

Ein alter Spruch lautet: Redlichkeit ist das beste Leichentuch, sie würzt den Tod mit Wohlgeruch.

Ein andrer alter Spruch ist: Wenn sie nun mit dir zu Grabe gehn, so werden sie dich verschieden begleiten.

Dein einer Freund, das Gut, bleibt hinter dir daheim; dein anderer, der Ruhm, fliegt in die Welt hinaus.

Der dritte, dein Freund, gibt dir das Geleite bis zum Grab und kehrt dann um, sobald er die Scholle hinabwarf.

Vielleicht schickt dir die Liebe ein paar Thränen nach, doch ein solches Geleite auf der großen Reise will wenig sagen.

Nur ein gutes Gewissen, das wird dich bei der Hand fassen, und nur dieser Geleitsmann wird nicht von dir weichen.

Und was du mit Beten Gutes vorausgesandt hast, das tritt dir dort entgegen und wird dort für dich einstehn.

3.
Gegebene Gedichte in ein neues Versmaß umzusetzen.

a. Göthes zweite Epistel in reine fünffüßige, reimlose Jamben.
b. In fünffüßige Jamben mit Beibehaltung der originalen Reime: Tiecks "Frühling":

Nie vergißt der Frühling wiederzukommen,
Wenn Störche ziehn, wenn Schwalben auf der Wiese sind.
Kaum ist dem Winter die Herrschaft genommen,
So erwacht und lächelt das goldene Kind.

Dann sucht er sein Spielzeug wieder zusammen,
Das der alte Winter verlegt und zerstört,
Er putzt den Wald mit grünen Flammen,
Der Nachtigall er die Lieder lehrt.

Er rührt den Obstbaum mit röthlicher Hand,
Er klettert hinauf die Aprikosenwand;
Wie Schnee die Blüthe noch vor dem Blatt ausbringt,
Er schüttelt froh das Köpfchen, daß ihm die Arbeit gelingt.

Dann geht er und schläft im waldigen Grund
Und haucht den Athem aus, den süßen;
Um seinen zarten, rothen Mund
Im Grase Viol und Erdbeer sprießen.

In den verschloßnen Garten
Steigt er über's Gitter in Eil,
Mag auf den Schlüssel nicht warten,
Ihm ist keine Wand zu steil.

Er räumt den Schnee aus dem Wege,
Er schneidet das Buxbaumgehege
Und feiert auch am Abend nicht:
Er schaufelt und arbeitet im Mondenlicht.

Dann ruft er: „Wo säumen die Spielkameraden,
Daß sie so lange in der Erde bleiben?
Ich habe sie alle eingeladen,
Mit ihnen die fröhliche Zeit zu vertreiben".

Die Lilie kommt und reicht die weißen Finger;
Die Tulpe steht mit dickem Kopfputz da;
Die Rose tritt bescheiden nah;
Aurikelchen und alle Blumen, vornehm und geringer.

Der bunte Teppich ist nun gestickt;
Die Liebe tritt aus Jasminlauben hervor.
Da danken die Menschen, da jauchzt der Vögel ganzer Chor,
Denn Alle fühlen sich beglückt. —

Dann küßt der Frühling die zarten Blumenwangen
Und scheidet und sagt: Ich muß nun gehn.
Da sterben sie alle an süßem Verlangen,
Daß sie mit welken Häuptern stehn.

Der Frühling spricht: „Vollendet ist mein Thun,
Ich habe schon die Schwalben herbestellt;
Sie tragen mich in eine andre Welt,
Ich will in Indiens duftenden Gefilden ruhn.

Ich bin zu klein, das Obst zu pflücken,
Den Stock der schweren Traube zu entkleiden,
Mit der Sense das goldene Korn zu schneiden;
Dazu will ich den Herbst euch schicken.

Ich liebe das Spielen, bin nur ein Kind
Und nicht zur ernsten Arbeit gesinnt;
Doch wenn ihr des Winters überdrüssig seid,
Dann komm ich zurück zu eurer Freud.

Die Blumen, die Vögel, die nehm' ich mit mir,
Wenn ihr erntet und keltert, was sollen sie hier?
Ade ade! Ist die Liebe nur da,
So bleibt euch der Frühling ewiglich nah!"

  c. In Hexameter: Herders Gedicht „Das Kind der Sorge"; Göthes Erlkönig; Schillers Theilung der Erde, Melchthals Bericht und Stauffachers Rede in Wilhelm Tell II, 2.

  d. In Distichen.
   1) Schillers Gedicht „Wilhelm Tell".
   2) Gnomische Vierzeilen, wie die Rückertschen:

Nicht Der ist auf der Welt verwaist,
Dessen Vater und Mutter gestorben,
Sondern Der für Herz und Geist
Keine Lieb' und kein Wissen erworben. —

In jedem Klotz, in jedem Stein
Ein Götterbild versteckt mag liegen;
Doch muß, wer es heraus will kriegen,
Bildschnitzer oder Bildhauer sein. —

Geselle dich einem Bessern zu,
Daß mit ihm deine bessern Kräfte ringen;
Wer selbst nicht weiter ist als du,
Der kann dich auch nicht weiter bringen.

   3) Rückertsche Alexandriner-Lehrgedichte; z. B.

O wiege dich nicht ein in träumenden Gefühlen,
Fehlhoffend, Sturm und Brand mit goldnem Duft zu kühlen.
Gerade wo den Feind du wähnest überwunden,
Im innersten Gemüth wirst du von ihm gebunden.

Denn heimlich mit der Lust im Bund ist die Empfindung;
Im Kampfe mit der Welt nur ist Weltüberwindung.
Drum leb aus dir hinaus; und steig in dich nur nieder,
Um auszuruhn und neu hinaus zu leben wieder.
Wie selbst den Athem Gott dir dazu hat verliehn,
Ihn auszuathmen auch, nicht nur ihn einzuziehn,
So wechselweise mag in sich der Geist sich senken,
Um desto rüstiger sich auf die Welt zu lenken.
Nur wenn er glücklich sich erhält in dieser Schwebe,
Geht unbestrickt er durch ein doppelt Irrgewebe.

4.
Prosa zu versifiziren.

a. In fünffüßigen Jamben oder vierfüßigen Trochäen ohne Reime oder mit gepaarten, verschränkten oder gekreuzten Reimen: Lessingsche Fabeln, Herdersche Paramythieen.

b. In der Nibelungenstrophe: Schillers Anekdote „Herzog von Alba bei einem Frühstück auf dem Schlosse zu Rudolstadt".

c. In Jamben oder Hexametern: Rhetorische Darstellungen. Z. B.

Was ist irdische Größe? Siehe den Menschen, wie er heute so kräftig, so stark dasteht, pochend in Jugendlust! Eine kleine Spanne Zeit, und er ist dahin mit des Grases Blume. — Siehe die hohe, schlanke Tanne, wie sie ihr königliches Haupt in freien Lüften wiegt! Von dem Beile nur wenige Schläge, und sie liegt auf immer. — Siehe dort die mächtigen Thürme emporragen; noch blitzen sie allein im Golde der Abendsonne. Aber jetzt wird es Nacht, ein dunkles Grau legt sich um sie her, und wir sehen, daß auch das Hohe finster ist ohne Licht ü b e r ihm! — Und nun die höchsten Höhen der Erde, die ewigen Gebirge! Sie thronen so einzig hehr; um ihre kalten Glieder breitet sich der glänzende Schnee wie ein Fürstenmantel; Niemand befleckt ihn. Ihr stolzes Haupt ist geziert mit einer diamantenen Krone; ein leiser Hauch — und ihre Befehle fliegen als donnernde Lawinen in die Tiefe. Aber ihre Schönheit ist Eis und ihre Dauer ist Tod. — Ueber ihnen glänzt mild und freundlich der Abendstern. Er ist größer, höher, als dies Alles. Er leuchtet, wenn sie alle von Nacht umlagert sind. Majestätisch und still geht er seine unermeßlichen Bahnen und es spricht ihm niemand darein. Aber auch für ihn steht geschrieben: „Die Himmel werden vergehen!" — O ewiger Morgenstern, stille Du mein Herz! (Bilder ohne Rahmen.)

Bittschrift der linken Hand an die künftigen Erzieher, von H. P. Sturz: Wenn euch ein Vater des Volks einst versammelt, ihr Freunde der Jugend, so erwägt auch meine Leiden, und eifert gegen das Vorurtheil, dessen Opfer ich bin. Ich und meine Schwester sind Zwillinge und uns äußerlich so ähnlich wie die Blätter eines Baumes; aber eine parteiische Erziehung hat uns zu ganz verschiedenen Geschöpfen gemacht. Mich Arme gewöhnte man früh, meine Schwester als eine vornehmere Person zu betrachten. Sie nahm bei jeder Gelegenheit den Rang über mir. Sie allein wurde belehrt und gebildet, und ich wuchs wie eine Bäuerin heran. Sie wurde im Zeichnen, Schreiben und in nützlichen Kenntnissen unterwiesen, ich, wie eine Magd in der Familie, nur zu verächtlichen Arbeiten geübt; und wenn ich es wagte, die Nadel oder die Feder zu ergreifen, so waren empfindliche Schimpfwörter, ja nicht selten die Ruthe mein Lohn. Ist es nicht ungerecht, alle Zärtlichkeit an einem Kinde zu verschwenden? anerschaffene Fähigkeiten nicht zu entwickeln? eine Rangordnung unter Geschwistern zu dulden, die alles wechselseitige Vertrauen aufhebt? — In unserm Hause fügt es sich zum Unglück, daß wir beide unsere Brüder und Schwestern ernähren müssen, und diese Sorge fällt größtentheils auf meine wohlerzogene Schwester. Man setze den Fall, daß sie bettlägerig würde (und sie ist, leider! mit Gichtflüssen geplagt), müßte dann nicht Hunger und Elend unser unvermeidliches Loos sein? Denn ich bin nicht geschickt genug, um einen Bettelbrief zu schreiben, und muß mich auch zu diesem Aufsatz fremder Hände bedienen. Sie kann sterben, und es bleibt so unserer verlassenen Familie keine Versorgerin übrig. — O gebieten Sie den Eltern gegen ihre Kinder alle eine ungetheilte, unparteiische Liebe.

d. In Alexandrinern, Senarien oder Distichen (Gnomen, Epigrammen, Xenien).

1) Prosasentenzen. Z. B.

Ein Tropfen wahrer Liebe ist höher zu schätzen, als ein ganzes Meer der Wissenschaft aller Geheimnisse. (Francke.)

Im Krieg ist das Letzte nicht der Krieg; willst du Frieden, so halte dich zum Krieg bereit. (Sprichwort.)

Die Tugend kostet je länger je weniger Aufopferung; das Laster je länger je mehrere. (Jean Paul.)

Die Kunst kann Niemand fördern als der Meister Gönner fördern den Künstler, das ist recht und gut; aber dadurch wird nicht immer die Kunst gefördert.

Welche Regierung die beste sei? Diejenige die uns lehrt, uns selbst zu regieren.

Die Frage, wer höher steht, der Historiker oder der Dichter? darf gar nicht aufgeworfen werden; sie konkurriren nicht miteinander, so wenig als der Wettläufer und der Faustkämpfer. Jedem gebührt seine eigene Krone.

Widerspruch und Schmeichelei machen beide ein schlechtes Gespräch.

Es gibt keine patriotische Kunst und keine patriotische Wissenschaft. (Göthe.)

2) Kontroversen, Antithesen u. dgl. Z. B.

Der Prophet gilt nichts daheim. Daheim gilt ein Mann Zwei.

Armuth ist aller Kunst Stiefmutter. Armuth ist der Künste Mutter.

Eile mit Weile. Was du thust, das thue bald.

Bleibe im Lande und nähre dich redlich. Wer nicht hinauskommt, kommt nicht heim.

Man soll das Brett bohren, wo es am dünnsten ist. Der Faule schmiedet gern die Bretter, wo sie am dünnsten sind.

Aller Anfang ist schwer. Das Schwere kommt erst hinterher.

Kleider machen Leute. Das Kleid macht nicht den Mann.

5.

Uebersetzung fremdsprachiger Sentenzen oder Dichtungen entweder im Versmaß des Originals oder mit Aufsuchung des dem jeweiligen Stoffe angemessensten deutschen Versmaßes.

6.

Freie Produktionen — zunächst mit Anlehnung an gegebene Muster und Motive. Z. B. „Daheim!" Betrachtung im Stil und Versmaß des Leop. Scheferschen Laienbreviers.

Themen zu Untersuchungen und Abhandlungen
über Wesen und Formen der Poesie.

1.
Im Fleiß kann dich die Biene meistern,
In der Geschicklichkeit ein Wurm dein Meister sein,
Dein Wissen theilest du mit vorgezognen Geistern,
Die Kunst, o Mensch, hast du allein! (Schiller.)

2.
Wissenschaft, stolz ragender Bau, dran Tausende rastlos
Durch Jahrhunderte fort ewig wechselnd sich müh'n!
Selbst dem Gewaltigen stellt sich ein Andrer bald auf die Schul=
tern,
Aber der Künstler beginnt, merk' es! und schließt mit sich
selbst. (Geibel.)

3.
Verhältniß der Kunst zur Moral, nach Schillers Abhand=
lung über den Grund des Vergnügens an tragischen Gegen=
ständen.

4.
Worin kommen Kunst und Natur überein, worin gehen sie auseinander?

5.
Dichtkunst und bildende Künste. Nach Lessings Laokoon.

6.
Nach Schillers Gedicht „Die Künstler": 1) Die Kunst, die Lehrerin des Menschen. 2) Poesie und Musik.

7.
Das Reich der Dichtung ist das Reich der Wahrheit;
Schließt auf das Heiligthum, es werde Licht! (Chamisso.)

8.
Wahrheit suchen wir Beide, du außen im Leben, ich innen
In dem Herzen, und so findet sie Jeder gewiß:

Ist nur das Auge gesund, so begegnet es außen dem Schöpfer,
Ist es das Herz, dann gewiß spiegelt es innen die Welt.
(Schiller zu Göthe.)

9.

Folgender Spruch des griechischen Sophisten Gorgias über die Tragödie ist zu erläutern und auf die Poesie überhaupt zu beziehn: „Sie ist freilich eine Täuschung, ein Schein, aber ein solcher, der Denjenigen, welchem er gelingt, über Den stellt, dem er nicht gelingt; und bei dem der Getäuschte weiser und gebildeter erscheint, als der nicht Getäuschte." Vgl. dazu Göthe über „Wahrheit und Wahrscheinlichkeit der Kunstwerke".

10.

Poesie ist die Muttersprache des menschlichen Geschlechtes.
(Hamann.)

11.

Und wer der Dichtkunst Stimme nicht vernimmt,
Ist ein Barbar, er sei auch wer er sei.
(Göthe.)

12.

Glaubt mir, es ist kein Märchen: Die Quelle der Jugend
sie rinnet
Wirklich und immer. Ihr fragt, wo? In der dichtenden Kunst.
(Schiller.)

13.

Vergebens suchst du hier und dort nach Poesie,
Sofern sie nicht in dir, so findest du sie nie. (S.)

14.

Das ist eine von den alten Sünden,
Daß sie meinen, Rechnen, das sei Erfinden. (Göthe.)

15.

Wie idealisirt der Dichter? Mit Berücksichtigung von Schillers Abhandlung über naive und sentimentalische Dichtkunst.

16.

Summarischer Auszug aus Schillers Abhandlung über naive und sentimentalische Dichtkunst.

17.

Ueber Bedeutung und Aufgabe der volksthümlichen Dichtung, nach Schillers Abhandlung über Bürgers Gedichte.

18.

Einige Grundzüge der Poesie, geschöpft aus Göthes „Sänger".

19.

Kommentar zu Schillers „Macht des Gesanges".

20.

Wie kommt die Macht des Gesanges in Sage und Dichtung zur Darstellung?

21.

Arion von W. v. Schlegel, Die Kraniche des Ibykus von Schiller, und Des Sängers Fluch von Uhland — nach Idee und Ausführung mit einander verglichen.

22.

Wie ist Göthes Forderung zu verstehn, daß jedes Gedicht ein Gelegenheitsgedicht sein solle?

23.

Kommentar zu Göthes Ode: Meine Göttin; zu Desselben „Zueignung".

24.

Alles wiederholt sich nur im Leben,
Ewig jung ist nur die Phantasie,
Was sich nie und nimmer hat begeben,
Das allein veraltet nie. (Schiller.)

25.

Wenn Phantasiemenschen keine keuschen Naturen von Hause aus sind; wenn es ihnen am Gegengewicht des förmlich gebildeten Verstandes und Gewissens gebricht, so geht es ihnen schlimmer, wie jedem andern Menschenkinde; denn die Phantasie ist die Bild- und Triebkraft für die schlimmsten wie für die besten Fakultäten. (Bog. Golz.)

26.

Es soll der Dichter mit dem König gehen,
Denn Beide stehen auf der Menschheit Höhen. (Schiller.)

27.
Ueber Platens und Rückerts Gedichte: „Dichterselbstlob".
28.
Kommentar zu Göthes Sonett: Natur und Kunst.
29.
Die Menge macht den Künstler irr und scheu. (Göthes Tasso.)
30.
Ueber Anastasius Grüns Gedicht: Der letzte Dichter.
31.
Die Prosa bringt kein Werk hervor,
Wie groß es sei, es wird ein Bruchstück bleiben;
Die Poesie kann nicht vier Zeilen schreiben,
Sie sind ein Ganzes dir im Ohr. (Rückert.)
32.
Fließend Wasser ist der Gedanke,
Aber durch die Kunst gebannt
In der Form gediegne Schranke,
Wird er blitzender Diamant. (Geibel.)
33.
Welche Grundsätze hat Schiller bei dem Bau des fünf-füßigen Jambus in der Jungfrau von Orleans befolgt? (Ist der Vers rein jambisch, wie ist die Cäsur behandelt u. s. w.?)
34.
Ueber die Bedeutung der Allitteration und Assonanz, im Besondern nachgewiesen an Göthes Erlkönig und Hochzeitlied.
35.
Man suche die gebräuchlichsten Allitterations-, Assonanz- und Vollreimsformeln und ordne sie nach substantivischen, adjektivischen, verbalen, adverbialen und proverbialen Verbindungen.
36.
Die allitterirenden Namensverbindungen aus Sage und Geschichte (z. B. Hengest und Horsa, Gunther, Gernot und Giselher). — Die allitterirenden Schriftstellernamen der Gegenwart (z. B.

Ferdinand Freiligrath, Wilhelm Wackernagel). — Büchertitel, deren Form offenbar unter dem Einfluß des rhythmischen und Reim-Gefühles entstanden, z. B. „Deutscher Glaube und Brauch im Spiegel der heidnischen Vorzeit", von E. L Rochholz; das Menschendasein in seinen weltewigen Zügen und Zeichen, von Bogumil Goltz; u s. w.

37.

„Der Reim hat nur schlechte Dichter gezwängt, wahren gedient." (Jakob Grimm.) August Fuchs, der geistvolle Kenner der romanischen Sprachen, hat nachgewiesen, daß alle Nationen von jeher den Reim besessen haben. Der Reim wurzelt in der menschlichen Natur eben so gut wie der Sinn für Musik, für Symmetrie, für die Macht der Kontraste.

38.

Ueber die Verbindung des Reimes mit der antiken Strophenform. S. Gottschall pag. 32.

39.

Nach was für verschiedenerlei Rücksichten können die Strophenformen eingetheilt und betrachtet werden?

40.

Welche Freiheiten haben sich Wieland und Schiller in der Behandlung der Stanze erlaubt?

41.

Ueber die sog. didaktische Poesie. Motto:
Ein Dichter bist du nicht, sofern
Du strebst, nur zu belehren,
Doch wird uns echter Dichtung Kern
Belehrung stets gewähren. (S.)

42.

Zur Fabeldichtung. 1) Was ist nach Lessings bekannter Abhandlung eine Fabel, und wie begründet derselbe die Nothwendigkeit der einzelnen Bestimmungen des Begriffes? 2) Wie erklärt sich der griechische Name für die Fabel: Aἶνος — und der altdeutsche, noch von Luther gebrauchte: Bispel, Beispiel?

3) Was sind apologische Sprichwörter? 4) Weßhalb werden in der Fabel vorzugsweise Thiere als Träger der Handlungen benutzt? 5) Inwiefern kann die Parabel eine potenzirte Fabel genannt werden?

43.

Der Charakter des Idylls, dargelegt an Kleist's Irin und Vossens Siebzigster Geburtstag.

44

Der Lyriker im Kampf mit der Sprache. Eine Betrachtung, angeknüpft an Rückerts „Menschenlied" und an nachstehenden naiven Erguß B. H. Brockes' (geb. 1680) in dessen „Betrachtung des Mondscheins im Frühling":

Als ich jüngsthin mein Nachtgedicht,
Nachdem ich bei dem Mondenlicht
Spazieren war gewesen,
Unmittelbar drauf gelesen,
Erschrack ich recht, weil ich befand
Und mit gerührter Seel' erkannt:
Wie zwischen meiner Reimerei
Und dem Original so wenig Gleichheit sei.

45.

Der Charakter der Odendichtung, entwickelt an Klopstocks Oden: Friedrich V., Der Zürchersee, Frühlingsfeier.

46.

Was die Natur auf ihrem großen Gange
In weite Fernen auseinanderschied,
Wird auf dem Schauplatz, im Gesange
Der Ordnung leichtgefaßtes Glied. (Schiller.)

47.

Die Aristotelischen Gesetze für das Drama, nach Lessings Dramaturgie.

48.

Inwiefern ist Schillers Wort: „Ernst ist das Leben, heiter ist die Kunst" — in seinem zweiten Theile auch in Beziehung auf tragische Kunstwerke wahr?

49.
Ueber die Schuld der Helden in Schillers Tragödien.

50.
Die Kunst der Exposition im Drama nachgewiesen an Lessings Minna von Barnhelm, Emilia Galotti, Nathan der Weise; Schillers Don Carlos, Wilhelm Tell; Göthes Iphigenie.

51.
Die Bedeutung des Monologes, entwickelt an Schillers Monologen des Wallenstein, Monolog des Tell; Göthes Monolog des Tasso.

52.
Die Kunst der Stichomythie bei Göthe, Schiller, Shakespeare.

53.
Wie theilt der dramatische Dichter die Vorfabel seines Stückes, wie solche Begebenheiten mit, welche hinter die Szene fallen? Mit Beispielen.

Wort- und Sachregister.

	Seite		Seite
Abgesang	34	Bildhauerkunst	2
Accent	11, 12	Binnenreim	29
Adonischer Vers	21	Blankvers	16
Akatalektische Verse	16	Bukolische Diärese	22
Akt	73	Bürgerliches Drama	79
Alexandriner	17	Bürgerliches Epos	56
Alkäische Strophe	31		
Alkäischer Vers	20	Cäsur	15
Allegorie	50	Cancion	38
Alliteration	25	Canzone	38
Amphibrachys	14	Charakterlustspiel	79
Amphibrachischer Vers	21	Choliambus	14, 17
Amphimacer	14	Chor	77
Anapäst	14	Choreus	14
Anapästische Verse	20	Choriambus	14
Anaphora	11	Choriambische Verse	20
Anfangsreim	29	Coda	38
Annomination	26	Creticus	14
Antibachius	14		
Antike Strophen	31	Daktylus	14
Antithese, Antitheton	11	Daktylische Verse	20
Apolog	50	Decime	36
Aposiopese	11	Diärese	15
Apostrophe	11	Dialog	74
Architektur	2	Dichtkunst	3
Arie	80	Didaktische Poesie	48
Arsis	12	Dijambus	14
Arten der Poesie	47	Dipodie	17
Asklepiadische Strophe	31	Dispondeus	14
Asklepiadischer Vers	20	Distichon	24, 31
Assonanz	26	Dithyrambus	64
Asyndeton	11	Ditrochäus	14
Aufgesang	34	Doppelreim	28
Aufschrift	68	Dorfgeschichte	52
Auftritt	73	Dramatik	47, 70
Aufzug	73	Duett	80
Ausgang des Romans	58		
Abentiure	56	Einheiten, die drei	72
		Elegie	65
Bachius	14	Elegische Versart	24
Ballade	54	Ellipse	11
Barbiet	63	Endreim	29
Baukunst	2	Enthusiasmus	6
Bildende Kunst	2	Epigramm	68

	Seite		Seite
Epigrammatischer Vers	24	Jambisch-trochäische Verse	20
Epiphora	11	Ideal	2
Epik	48	Idealisiren	4
Epische Dichtungsarten	49	Idee	2
Epischer Vers	22	Identischer Reim	27
Episch-lyrische Dichtung	54, 71	Idyll	51
Episode	55	Idyllisches Epos	56
Epistel, poetische	68	Inschrift	68
Epitritt	14	Intriguenlustspiel	79
Epos, Epopoe	54	Inversion	11
Erzählung, poetische	51	Jonicus	14
Euphemismus	11	Ironie	11, 67
Exposition	73	Italienische Stanze	34
Fabel	50	Kantate	80
Familienbrama	79	Kataleltische Verse	16
Fatum	76	Katastrophe	73
Figuren	11	Katharsis	76
Freie Stanze	35	Kehrreim	27
		Kettenreim	29
Gasel, Ghasel, Ghasele	43	Kinderlied	64
Gattungen der Poesie	47	Klimax	11
Gebundene Sprache	11	Klingender Reim	28
Gekreuzter Reim	29	Knittelvers	45
Gepaarter Reim	29	Kollision im Drama	73
Geschichtliche Dichtungsarten	51	Kollision im Roman	58
Gleichklang	24	Komisches Epos	57
Gleichniß	10	Komödie	77
Gleitender Reim	28	Konflikt im Drama	73
Glosse	36	Kunst	2
Glyconischer Vers	21	Kunstepos	56
Gnomische Poesie	70	Kunstmärchen	52
Göttermaschinerie	56	Kunstschönes	5
Grabation	11		
Grundbedingungen des Dichters	7	Lachende Satyre	66
		Lautreim	24
Hauptaccent	13	Legende	53
Heiligensage	54	Lehrdichtung	48
Heldengedicht	54	Lied	62
Hemistich	33	Litotes	11
Hendekasyllaben	21	Lyrik	17, 59
Heroide	66	Lyrische Dichtungsarten	62
Heroischer Vers	22		
Heroisches Epos	56	Madrigal	34
Hexameter	22	Madrigalenkranz	34
Historischer Roman	58	Männlicher Reim	28
Hochbild	2	Malaische Strophe	44
Humor	58	Märchen	52
Hymne	65	Märe	56
Hyperbel	11	Malamen	44
		Metapher	10, 50
Jambus	14	Metonymie	10
Jambisch-anapästische Verse	20	Metrik	13
Jambische Verse	16	Metrum	13

	Seite
Mimik	80
Mittelreim	29
Moderation	11
Molossus	14
Monolog	74
Musik	2
Musische Künste	2
Mysterien	77
Mythe	62
Nänie	66
Naturnachahmung	5
Naturschönes	5
Nebenaccent	13
Nibelungenstrophe	31
Nibelungenvers	19
Novelle	59
Novellette	59
Oberonsstrophe	35
Objektivität	48
Ode	64
Oktave	34
Onomatopöie	26
Oper	80
Oratorium	80
Orientalische Strophenformen	43
Ottave rime	34
Oxymoron	11
Päon	15
Parabel	51
Paradoxon	11
Parallelismus	11
Paramythie	51
Parenthese	11
Parodie	67
Pasquill	68
Passionsspiel	77
Pentameter	23
Peripetie	73
Periphrase	11
Persische Vierzeile	43
Personifikation	11
Phaläkischer Vers	21
Phantasie	2
Pherekratischer Vers	21
Piedi	38
Plastik	2
Plastische Künste	2
Poesie	2
Poet	5
Poetik	1
Poetischer Ausdruck	8

	Seite
Poetische Sprachform	8, 11
Pointe	69
Polysyndeton	11
Posse	79
Prosodie	13
Prosopopöie	11
Psalmen	65
Pythischer Vers	22
Quantitirender Rhythmus	13
Quinar	16
Recitativ	54, 80
Refrain	27
Reicher Reim	27
Reim	11, 24
Reimarten	24
Repetition	11
Rhapsodie	55
Rhythmisiren	14
Rhythmus	11, 12
Ringelgedicht	39
Ritornell	33
Roman	57
Romanische Strophenformen	33
Romantisches Epos	56
Romanze	54
Rondeau, Rundgedicht	39
Sage	52
Sagenhafte Dichtungsarten	51
Sapphische Strophe	32
Sapphischer Vers	21
Sarkasmus	11
Satire	66
Satirischer Roman	58
Schauspiel	79
Scherzhafte Epopöe	57
Schön	2
Schöne Künste	2
Schuld, tragische	75
Schwank	51
Schwebender Reim	28
Senarius	17
Sentenz	70
Sentimentaler Roman	58
Sestine	42
Siziliane	35
Silbenmessung	13
Silbenreim	24
Sinngedicht	70
Sinnspruch	70
Skandiren, Skansion	14
Skolion	63

	Seite		Seite
Skoliuß	14	Travestie	68
Skulptur	2	Trimeter	17
Sonett	39	Triolett	35
Sonettenkranz	42	Trochäus	14
Spencerstanze	35	Trochäische Verse	19
Spondeus	14	Trochäisch-daktylische Verse	21
Spondeisch-daktylische Verse	21	Tropen	10
Sprache der Poesie	8		
Spruchgedicht	70	Umarmender Reim	30
Stabreim	25	Unterbrochener Reim	30
Stachelreim	69		
Stanze	34	Vers	13
Stichomythie	74	Versarten	15
Strophe	30	Versfuß	13
Strophenarten	31	Verschränkter Reim	30
Stumpfer Reim	28	Verwickelung, dramatische	73
Subjektivität	59	Volksepigramm	69
Symbolische Dichtungsarten	50	Volksepos	56
Synekdoche	10	Volkslied	63
Szene	73	Volkssage	52
		Vollreim	27
Takt	11		
Tendenzroman	58	Wahrheit und Wahrscheinlichkeit	5
Tenzone	37	Weiblicher Reim	28
Terzine	33	Wiederholungsreim	27
Thema der Glosse	36	Wielandische Strophe	35
Thesis	12	Wortfuß	15
Thiersage	52		
Tonmaß	13	Xenie	69
Tragödie	75	Zeitmaß	13